KLASSIKER
DR. OETKER
VERLAG
SEIT 1891

EINMACHEN VON A–Z

DIE DR. OETKER GELING-GARANTIE

UNSER VERSPRECHEN

Liebe Leserin, lieber Leser,

mit den Rezepten in unseren Koch- und Backbüchern möchten wir Sie und Ihre Lieben glücklich machen. Zum Glück braucht es den Erfolg, und den kaufen Sie mit jedem Dr. Oetker Buch gleich mit.

Dafür gibt es die *Dr. Oetker Geling-Garantie*. Sie ist unser Versprechen, dass alle Rezepte aus diesem Buch ganz einfach und sicher gelingen. Die Geling-Garantie startet schon bei der Zutatenliste: alle Zutaten, die wir verwenden, sollten Sie leicht in Ihrem Supermarkt vor Ort einkaufen können. Jeder Zubereitungs-Schritt ist klar und einfach nachvollziehbar.

Eine Garantie können wir Ihnen aber auch deshalb mit gutem Gewissen geben, weil alle Rezepte dieses Buches von unserem erfahrenen Team entwickelt wurden. Anschließend haben wir jedes Gericht in einer ganz normalen Küche nachgekocht oder nachgebacken. Immer wieder. So lange, bis wir uns sicher waren, dass es gelingt. Und zwar auch bei Ihnen zu Hause.

Was wir versprechen, halten wir auch. Sollte beim Kochen oder Backen eines unserer Rezepte dennoch etwas danebengehen oder Ihnen einfach nicht schmecken, dann lassen Sie es uns wissen. Schreiben Sie oder rufen Sie uns an! Wir werden das Rezept nochmals kritisch prüfen und Ihnen helfen herauszufinden, woran es gelegen haben könnte. Sie erreichen uns über die Dr. Oetker Service-Hotline unter: 00 800-71 72 73 74, Mo–Fr 8:00–18:00 Uhr sowie Sa 9:00–15:00 Uhr. Oder schreiben Sie uns eine E-Mail unter: redaktion-oetker@zsverlag.de

Natürlich freuen wir uns aber auch über weitere Rückmeldungen und auch über Lob. Ihre Ideen, Kommentare und Fragen können Sie jederzeit auch über Facebook posten: www.facebook.com/Dr.OetkerVerlag. Wir sind für Sie da. Garantiert.

Mit herzlichen Grüßen
Ihre Dr. Oetker Redaktion

ALLGEMEINE HINWEISE ZU DEN REZEPTEN

Lesen Sie vor der Zubereitung – besser noch vor dem Einkauf – das Rezept einfach einmal vollständig durch. Aus dem Zusammenhang werden die Zubereitungs-Schritte deutlicher und verständlicher.

PORTIONSANGABEN

Die Anzahl der Portionen finden Sie in jedem Rezept ausgewiesen.

ARBEITSSCHRITTE

Die Zutaten sind in der Reihenfolge ihrer Verarbeitung aufgeführt. Jeder Arbeitsschritt ist einzeln hervorgehoben und extra nummeriert. So haben wir die Rezepte für Sie auch entwickelt und ausprobiert.

ZUBEREITUNGSZEIT UND GARZEIT

Die angegebene Zubereitungszeit schließt die Dauer der Vorbereitung und die eigentliche Zubereitung mit ein. Sie ist ein Anhaltswert und kann je nach individuellem Geschick oder Übung natürlich ein wenig variieren. Längere Wartezeiten, wie zum Beispiel Kühl- oder Abkühlzeiten oder auch Auftauzeit, sind in der Regel nicht in der Zubereitungszeit enthalten. Einzige Ausnahme: In dieser Zeit sind parallel andere Arbeitsschritte zu tun. Die Garzeiten sind gesondert ausgewiesen. Bei einigen Rezepten setzt sich die Gesamt-Garzeit aus mehreren Teil-Garzeiten zusammen.

HINWEISE ZU DEN NÄHRWERTEN

Bei den Nährwertangaben in den Rezepten handelt es sich um auf- bzw. abgerundete ganze Werte. Aufgrund von ständigen Rohstoffschwankungen und/oder Rezepturveränderungen bei Lebensmitteln kann es zu Abweichungen kommen. Die Nährwertangaben dienen daher lediglich Ihrer Orientierung und eignen sich nur bedingt für die Berechnung eines Diätplans.

ABKÜRZUNGEN UND SYMBOLE

EL	Esslöffel
TL	Teelöffel
Msp.	Messerspitze
Pck.	Packung/Päckchen
g	Gramm
kg	Kilogramm
ml	Milliliter
l	Liter
evtl.	eventuell
geh.	gehäuft
gestr.	gestrichen
gem.	gemahlen
ger.	gerieben
TK	Tiefkühlprodukt
°C	Grad Celsius

Kalorien-/Nährwertangaben

E	Eiweiß
F	Fett
Kh	Kohlenhydrate
kcal	Kilokalorie

Symbole

◷ Zubereitungs-/Garzeit
✚ Vegetarisch/Laktosefrei/Vegan
▲ Mit Alkohol

ANANAS UND BIRNEN, EINGEMACHT

Zubereitungszeit: 30 Minuten
Haltbarkeit: kühl, dunkel und trocken gestellt etwa 1 Jahr

ZUTATEN FÜR 2 GLÄSER JE ETWA 500 ML

1 Ananas (etwa 700 g)
1 kg nicht ganz reife Birnen
4 Sternanis
½–1 EL bunte Pfefferkörner
220 ml Wasser
500g Extra Gelierzucker 2:1

INSGESAMT:

E: 7 g, F: 3 g, Kh: 651 g, kcal: 2670

1. Von der Ananas Blatt- und Strunkende entfernen. Dann die schuppige Schale möglichst dick abschneiden, damit die „Augen" mitentfernt werden. Die Ananas zuerst in Scheiben schneiden, dann mit einem Ausstechförmchen die holzige Mitte ausstechen. Ananasscheiben in sehr kleine Würfel (erbsengroß) schneiden und 500 g abwiegen. Den Saft dabei auffangen.

2. Birnen schälen, vierteln, entkernen und in dünne Scheiben schneiden.

3. Ananaswürfel, -saft, Sternanis, Pfefferkörner und 220 ml Wasser in einem Topf zum Kochen bringen. Alles zugedeckt etwa 20 Minuten bei schwacher Hitze unter gelegentlichem Rühren köcheln lassen, bis die Ananaswürfel weich sind.

4. Birnenscheiben hinzugeben, zugedeckt weitere etwa 10 Minuten unter gelegentlichem Rühren köcheln lassen, bis sie weich sind.

5. Gelierzucker unterrühren. Die Fruchtmasse zum Kochen bringen und unter ständigem Rühren mindestens 3 Minuten bei mittlerer Hitze kochen lassen.

6. Die Fruchtmasse sofort in vorbereitete Gläser füllen und mit Twist-off-Deckeln® verschließen.

ANANAS-APFEL-KONFITÜRE MIT SAUERKRAUTSAFT

Zubereitungszeit: 35 Minuten
Haltbarkeit: kühl und dunkel gestellt 3–4 Monate

ZUTATEN FÜR 5 GLÄSER JE ETWA 200 ML

500 g frische Ananasscheiben (aus dem Kühlregal, vorbereitet gewogen)
300 g Äpfel, z. B. Jonagold (2–3 Äpfel, vorbereitet gewogen)
200 ml Sauerkrautsaft, naturtrüb
500 g Zucker
1 Beutel Gelfix Extra 2:1 (25 g)
1 Pck. Zitronensäure (5 g)

INSGESAMT:

E: 4 g, F: 2 g, Kh: 617 g, kcal: 2555

1. Ananasscheiben in kleine Stücke schneiden, den Saft dabei auffangen und insgesamt 500 g abwiegen. Äpfel schälen, vierteln, entkernen, in kleine Stücke schneiden und 300 g abwiegen.

2. Ananas- und Apfelstücke mit dem Sauerkrautsaft in einen großen Kochtopf geben.

3. Abgewogene Zuckermenge mit Gelfix Extra und Zitronensäure mischen, zu der Fruchtmasse in den Topf geben und gut unterrühren.

4. Die Zutaten unter Rühren bei starker Hitze zum Kochen bringen und unter ständigem Rühren mindestens 3 Minuten sprudelnd kochen lassen. Topf von der Kochstelle nehmen.

5. Das Kochgut evtl. abschäumen und sofort randvoll in vorbereitete Gläser füllen.

6. Gläser mit Twist-off-Deckeln® verschließen, umdrehen, etwa 5 Minuten auf den Deckeln stehen lassen.

TIPP:

Die Konfitüre statt süßem Senf zum Weißwurst-Essen reichen.

ANANAS-LIMETTEN-KONFITÜRE

- Zubereitungszeit: 30 Minuten
  Garzeit: etwa 20 Minuten
  Haltbarkeit: kühl und dunkel gestellt etwa 1 Jahr

ZUTATEN FÜR 5 GLÄSER JE ETWA 200 ML

2–3 Bio-Limetten (unbehandelt, ungewachst)
400 ml Wasser
1 Ananas (oder 500 g Ananas-Fruchtfleisch)
350 g Diät Gelier-Fruchtzucker 3:1

INSGESAMT:

E: 3 g, F: 4 g, Kh: 408 g, kcal: 1730

1. Die Limetten heiß abwaschen, abtrocknen, vierteln, in feine Scheiben schneiden und in einen Topf geben.

2. Die Limettenscheiben mit Wasser bedeckt zum Kochen bringen. Limettenscheiben ohne Deckel etwa 20 Minuten bei schwacher Hitze einkochen lassen.

3. Limettenscheiben in ein Sieb geben und abtropfen lassen, dabei die Limettenflüssigkeit auffangen.

4. Von der Ananas Blatt- und Strunkende abschneiden. Ananas vierteln und den mittleren, harten Strunk längs herausschneiden. Die Ananas schälen und das Fruchtfleisch klein schneiden. Ananasschalen etwas auspressen oder ausdrücken, dabei den Saft auffangen. Ananasstücke, -saft und Limettenscheiben vermischen.

5. Dann die aufgefangene Limettenflüssigkeit zu der Ananas-Limetten-Fruchtmasse geben und zusammen etwa 1 kg abwiegen. Evtl. mit Wasser auffüllen.

6. Die Fruchtmasse mit Diät Gelier-Fruchtzucker in einem großen Kochtopf gut verrühren. Alles unter Rühren bei starker Hitze zum Kochen bringen und unter ständigem Rühren mindestens 3 Minuten sprudelnd kochen lassen. Den Topf von der Kochstelle nehmen.

7. Das Kochgut evtl. abschäumen und sofort randvoll in vorbereitete Gläser füllen. Die Gläser mit Twist-off-Deckeln® verschließen, umdrehen und etwa 5 Minuten auf den Deckeln stehen lassen.

TIPPS:

Frische Ananas gibt es oft geschält im Supermarkt (Kühlregal) zu kaufen.
1 mittelgroße Ananas bringt etwa 500 g Fruchtfleisch auf die Waage.

ANANAS-PAPRIKA-FRÜHLINGSZWIEBEL-RELISH

(REZEPT OHNE FOTO)

● Zubereitungszeit: 60 Minuten
Haltbarkeit: kühl, dunkel und trocken gestellt 3–4 Monate
▲ Mit Alkohol

ZUTATEN FÜR 4 GLÄSER JE ETWA 200 ML

je 1 grüne und gelbe Paprikaschote (vorbereitet gewogen – je 150 g)
250 g Ananas-Fruchtfleisch (vorbereitet gewogen)
1 Bund Frühlingszwiebeln (etwa 140 g)
1 Bund Sauerampfer
175 ml Obstessig
150 ml Ananassaft
250 g Extra Gelierzucker 2:1
1 TL Senfkörner
Salz
Currypulver
frisch gem. Pfeffer

INSGESAMT:

E: 10 g, F: 4 g, Kh: 323 g, kcal: 1413

1. Die grüne und gelbe Paprikaschote halbieren, entstielen, entkernen und die weißen Scheidewände entfernen. Schoten waschen, abtropfen lassen, sehr fein würfeln und je 150 g abwiegen. Von der Ananas den Strunk abschneiden. Die Frucht vierteln und den mittleren holzigen Teil längs herausschneiden. Ananas schälen, das Fruchtfleisch klein schneiden und 250 g abwiegen.

2. Frühlingszwiebeln putzen, waschen, abtropfen lassen, längs halbieren und in schmale Streifen schneiden. Sauerampfer waschen, abtropfen lassen, in ebenfalls in feine Streifen schneiden.

3. Die vorbereiteten Zutaten mit Obstessig, Ananassaft, Gelierzucker und Senfkörnern in einen Kochtopf geben. Die Zutaten unter Rühren zum Kochen bringen und 5 Minuten kochen lassen, dabei ab und zu umrühren.

4. Das Relish mit Salz, Curry und Pfeffer abschmecken, sofort randvoll in vorbereitete Gläser füllen, mit Twist-off-Deckeln® verschließen, umdrehen und etwa 5 Minuten auf den Deckeln stehen lassen.

TIPP:

Anstelle des Sauerampfers kann auch Petersilie verwendet werden.

APFEL-BIRNEN-GELEE

Zubereitungszeit: 10 Minuten, ohne Entsaftungszeit
Haltbarkeit: kühl und dunkel gestellt etwa 1 Jahr

ZUTATEN FÜR 6 GLÄSER JE ETWA 200 ML

450 ml Apfelsaft (von etwa 850 g Äpfeln)
400 ml Birnensaft (von etwa 1 kg Birnen)
1 Beutel Gelfix Classic 1:1 (20 g)
1 kg Zucker

INSGESAMT:

E: 3 g, F: 3 g, Kh: 1095 g, kcal: 4479

1. Äpfel und Birnen waschen, abtropfen lassen, vierteln und jeweils mithilfe eines Schnellkochtopfes oder Dampfentsafters entsaften (Gebrauchsanleitung des Geräteherstellers beachten). Säfte abkühlen lassen und insgesamt 450 ml Apfel- und 400 ml Birnensaft abmessen.

2. Fruchtsäfte in einen großen Kochtopf geben. Gelfix Classic zuerst mit 2 Esslöffeln des Zuckers mischen, anschließend mit dem Fruchtsaft gut verrühren.

3. Das Kochgut unter Rühren bei starker Hitze zum Kochen bringen. Sobald alles bei ständigem Rühren sprudelnd kocht, restlichen Zucker hinzufügen.

4. Alles unter Rühren wieder zum Kochen bringen und unter ständigem Rühren mindestens 3 Minuten sprudelnd kochen lassen. Topf von der Kochstelle nehmen.

5. Das Kochgut eventuell abschäumen und sofort randvoll in vorbereitete Gläser füllen. Gläser mit Twist-off-Deckeln® verschließen, umdrehen und etwa 5 Minuten auf den Deckeln stehen lassen.

TIPP:

Sie können das Gelee auch statt mit Gelfix Classic und 1 kg Zucker mit Extra Gelierzucker 2:1 oder Gelfix Super 3:1 und 350 g Zucker zubereiten. Verwenden Sie dann insgesamt 900 ml Fruchtsaft. Bitte beachten Sie in diesem Fall auch die Packungsanleitungen.

APFEL-FEIGEN-CHUTNEY

Zubereitungszeit: 30 Minuten
Haltbarkeit: kühl, dunkel und trocken gestellt etwa 6 Monate

ZUTATEN FÜR 5 GLÄSER JE ETWA 200 ML

1 kg Äpfel
50 g Ingwer
250 g Zucker
50 g abgezogene, gem. Mandeln
1 TL Senfpulver
1 gestr. TL Salz
125 ml Weißweinessig
2–3 frische, reife, blaue Feigen
1 Pck. Einmach-Hilfe

INSGESAMT:

E: 17 g, F: 32 g, Kh: 378 g, kcal: 1919

1. Äpfel schälen, vierteln, entkernen und in Würfel schneiden. Ingwer schälen, abspülen, trocken tupfen und in Stücke schneiden.

2. Apfelwürfel mit Ingwerstücken, Zucker, Mandeln, Senfpulver, Salz und Essig in einen Topf geben und etwa 30 Minuten dünsten.

3. Feigen waschen, enthäuten, in kleine Stücke schneiden, zu den Apfelwürfeln geben und etwa 15 Minuten mitdünsten lassen.

4. Das Chutney mit Salz, Zucker und Senfpulver abschmecken. Einmach-Hilfe unterrühren. Das Chutney sofort randvoll in vorbereitete Gläser füllen. Die Gläser sofort mit Twist-off-Deckeln® verschließen, umdrehen und etwa 5 Minuten auf den Deckeln stehen lassen.

TIPP:

Chutneys sind besonders pikante Saucen, die zu gebratenem, gekochtem und kaltem Fleisch, zu Fondues und zu exotischen Gerichten gereicht werden.

APFELGELEE, DUFTEND

Zubereitungszeit: 45 Minuten,
ohne Entsaftungs- und Abkühlzeit
Haltbarkeit: kühl und dunkel gestellt
3–4 Monate

ZUTATEN FÜR 4 GLÄSER JE ETWA 200 ML

900 ml klarer Apfelsaft (von etwa 1,6 kg Äpfeln)
2–3 EL Thymian (frisch gehackt oder gerebelt)
500 g Extra Gelierzucker 2:1

INSGESAMT:

E: 3 g, F: 3 g, Kh: 585 g, kcal: 2406

1. Äpfel waschen, abtropfen lassen, vierteln und mithilfe eines Schnellkochtopfes oder Dampfentsafters Saft gewinnen (bitte Gebrauchsanleitung des Gerätcherstellers beachten). Saft eventuell filtern, abkühlen lassen, 900 ml Saft abmessen.

2. 250 ml von dem Apfelsaft in einem Topf aufkochen lassen. Topf von der Kochstelle nehmen. Thymian hinzugeben und etwa 10 Minuten ziehen lassen. Anschließend den Saft durch ein feines Sieb gießen und mit dem restlichen Apfelsaft auf 900 ml auffüllen.

3. Den Apfelsaft mit dem Extra Gelierzucker in einem großen Kochtopf gut verrühren. Alles unter Rühren bei starker Hitze zum Kochen bringen und dann unter ständigem Rühren mindestens 3 Minuten sprudelnd kochen lassen. Topf von der Kochstelle nehmen.

4. Kochgut eventuell abschäumen und sofort randvoll in vorbereitete Gläser füllen. Die Gläser mit Twist-off-Deckeln® verschließen, umdrehen und etwa 5 Minuten auf den Deckeln stehen lassen.

TIPPS:

Einfacher geht es, wenn Sie 900 ml gekauften Apfelsaft verwenden.
Statt Thymian schmeckt auch Zitronenthymian. Er hat einen leicht zitronenartigen Geschmack.

APFELGELEE MIT MÖHREN

Zubereitungszeit: 25 Minuten
Haltbarkeit: kühl und dunkel gestellt etwa 1 Jahr

ZUTATEN FÜR 4 GLÄSER JE ETWA 200 ML

70 g Möhren
(von etwa 1 Möhre, vorbereitet gewogen)
830 ml klarer Apfelsaft (Handelsware)
350 g Zucker oder Fruchtzucker
1 Beutel Gelfix Super 3:1 (25 g)

INSGESAMT:

E: 1 g, F: 0 g, Kh: 465 g, kcal: 1903

1. Möhre putzen, schälen, abspülen und abtropfen lassen. Die Möhre in feine Streifen schneiden oder grob raspeln und 70 g abwiegen.

2. Apfelsaft und Möhrenstreifen in einen großen Kochtopf geben. Das abgewogene Süßungsmittel (Zucker oder Fruchtzucker) mit Gelfix Super mischen, dann mit dem Saft gut verrühren.

3. Alles unter Rühren bei starker Hitze zum Kochen bringen und unter ständigem Rühren mindestens 3 Minuten sprudelnd kochen lassen. Den Topf von der Kochstelle nehmen.

4. Das Kochgut evtl. abschäumen und sofort randvoll in vorbereitete Gläser füllen. Gläser mit Twist-off-Deckeln® verschließen, umdrehen und etwa 5 Minuten auf den Deckeln stehen lassen.

5. Gläser während des Erkaltens gelegentlich umdrehen, damit sich die Möhrenstreifen besser verteilen.

TIPPS:

Das Apfelgelee kann auch aus selbst entsaftetem, klarem Apfelsaft zubereitet werden. Dazu benötigen Sie etwa 1 ½ kg Äpfel.
Statt mit Zucker oder Fruchtzucker können Sie das Gelee auch mit 25 ml Flüssigsüße zubereiten. Dazu die vorbereiteten Möhren und den Saft in einen großen Kochtopf geben, mit Gelfix Super und der abgemessenen Flüssigsüße verrühren und wie im Rezept beschrieben weiter zubereiten.

REZEPTVARIANTE:

Apfelgelee mit Möhren- und Limettenstreifen. 1 Bio-Limette (unbehandelt, ungewachst) heiß abwaschen, abtrocknen und dünn schälen oder die Schale mit einem Zestenreißer abziehen. Dann die Schale in sehr feine Streifen schneiden. Rühren Sie die Limettenstreifen direkt nach dem Kochen unter das heiße Gelee. Allerdings verkürzt sich dadurch die Haltbarkeit des Gelees.

APFELGELEE MIT ROSMARIN

Zubereitungszeit: 45 Minuten,
ohne Entsaftungs- und Abkühlzeit
Haltbarkeit: kühl und dunkel gestellt
3–4 Monate

ZUTATEN FÜR 4 GLÄSER JE ETWA 200 ML

900 ml klarer Apfelsaft (von etwa 1,6 kg Äpfeln)
2–3 EL frische klein gehackte Rosmarinnadeln
500 g Extra Gelierzucker 2:1

INSGESAMT:

E: 1 g, F: 0 g, Kh: 593 g, kcal: 2416

1. Äpfel abspülen, abtropfen lassen, vierteln und mithilfe eines Schnellkochtopfes oder Dampfentsafters entsaften (bitte Gebrauchsanleitung des Geräteherstellers beachten). Anschließend den Saft evtl. filtern, abkühlen lassen und 900 ml Saft abmessen.

2. Den Apfelsaft mit Rosmarin und Extra Gelierzucker in einem großen Kochtopf gut verrühren.

3. Alles unter Rühren bei starker Hitze zum Kochen bringen und unter ständigem Rühren mindestens 3 Minuten sprudelnd kochen lassen. Den Topf von der Kochstelle nehmen.

4. Das Kochgut evtl. abschäumen und sofort randvoll in vorbereitete Gläser füllen. Die Gläser mit Twist-off-Deckeln® verschließen, umdrehen und etwa 5 Minuten auf den Deckeln stehen lassen.

TIPP:

Einfacher und schneller geht es, wenn Sie 900 ml gekauften Apfelsaft verwenden.

APFELKOMPOTT MIT CIDRE

Zubereitungszeit: 20 Minuten
Haltbarkeit: kühl und dunkel gestellt 6–9 Monate
▲ Mit Alkohol

ZUTATEN FÜR 2 GLÄSER JE ETWA 400 ML

700 ml trockener Cidre
etwa 1 kg süßsaure Äpfel, z. B. Cox Orange
1 Bio-Zitrone (unbehandelt, ungewachst)
etwa 75 g Zucker
½ TL gem. Zimt
1 Msp. ger. Muskatnuss

INSGESAMT:

E: 3 g, F: 3 g, Kh: 224 g, kcal: 1224

1. Cidre in einem Topf zum Kochen bringen und um die Hälfte einkochen lassen.

2. Äpfel schälen, vierteln, entkernen und in Stücke schneiden. Zitrone heiß abwaschen, abtrocknen und die Schale abreiben. Zitrone halbieren und den Saft auspressen.

3. Apfelstücke, Zitronensaft und -schale hinzugeben, zum Kochen bringen und zugedeckt etwa 15 Minuten bei schwacher Hitze garen, dabei ab und zu umrühren.

4. Die Hälfte der Apfelstücke durch eine Flotte Lotte (Passiermühle) passieren oder mit einer Gabel zerdrücken und wieder in den Topf geben.

5. Mit Zucker abschmecken. Zimt und Muskat unterrühren. Apfelkompott nochmals aufkochen lassen.

6. Apfelkompott sofort in vorbereitete Gläser füllen, mit Twist-off-Deckeln® verschließen, umdrehen und etwa 5 Minuten auf den Deckeln stehen lassen.

TIPP:

Apfelkompott zu Reibekuchen servieren.

APFELKRAUT

◐ Zubereitungszeit: 50 Minuten, ohne Entsaftungszeit
Haltbarkeit: kühl und dunkel gestellt etwa 1 Jahr

ZUTATEN FÜR 8–9 GLÄSER JE ETWA 200 ML

etwa 12 ½ kg süß-säuerliche Äpfel

INSGESAMT:

E: 24 g, F: 40 g, Kh: 1000 g, kcal: 4800

1. Äpfel schälen, vierteln, entkernen und in kleine Stücke schneiden. Anschließend 10 kg Apfelstücke abwiegen.

2. Die Apfelstücke in 2 Portionen (ohne Zucker) in den Dampfentsafter geben und etwa 1 Stunde (abhängig von der Apfelsorte) entsaften. Etwa 15 Minuten vor Ende der Entsaftungszeit 1 Flasche Saft (etwa 500 ml) abfüllen und nochmals über das Obst gießen, damit der gesamte Saft dieselbe Konsistenz hat.

3. Den Saft in einen breiten Kochtopf geben, zum Kochen bringen und zu einem dicken, braunen Sirup einkochen lassen. Wenn die Menge etwa um die Hälfte reduziert ist, fängt der Saft an dicklich zu werden. Ab dann ständig rühren, damit nichts anbrennt. So lange weiterkochen, bis ein zäher Sirup entstanden ist (30–45 Minuten).

4. Apfelkraut sofort kochendheiß in vorbereitete Gläser füllen. Gläser mit Twist-off-Deckeln® verschließen, umdrehen und etwa 5 Minuten auf den Deckeln stehen lassen.

TIPPS:

Süß-säuerliche Äpfel eignen sich für Apfelkraut besser als mürbe Apfelsorten.
Apfelkraut wird besonders gerne im Rheinland als Brotaufstrich verwendet oder auf Reibekuchen (Kartoffelpuffern) gegessen.

APFEL-LIMETTEN-GELEE

Zubereitungszeit: 60 Minuten
Haltbarkeit: kühl und dunkel gestellt etwa 1 Jahr

ZUTATEN FÜR 6 GLÄSER JE ETWA 200 ML

200 g Limettenfilets und -saft (von etwa 6 Limetten, davon 1 Bio-Limette, unbehandelt, ungewachst)
650 ml klarer Apfelsaft (Handelsware)
1 Beutel Gelfix Classic 1:1 (20 g)
1 kg Zucker

INSGESAMT:

E: 1 g, F: 5 g, Kh: 1074 g, kcal: 4462

1. Die Bio-Limette heiß abwaschen, trocken reiben und die Schale dünn abschälen. Limettenschale in sehr feine Streifen schneiden oder die Limette mit einem Zestenreißer schälen.

2. Limetten so schälen, dass die weiße Haut vollständig entfernt wird. Fruchtfilets herausschneiden, dabei den Saft auffangen und insgesamt 200 g Filets und Saft abwiegen.

3. Limettenfilets und Säfte in einen großen Kochtopf geben. Gelfix Classic zuerst mit 2 Esslöffeln von der abgewogenen Zuckermenge mischen, dann mit der Fruchtmasse verrühren. Die Zutaten bei starker Hitze unter Rühren zum Kochen bringen. Sobald alles bei ständigem Rühren sprudelnd kocht, restlichen Zucker hinzufügen. Alles unter Rühren wieder zum Kochen bringen und mindestens 2 Minuten unter ständigem Rühren sprudelnd kochen lassen. Limettenschale hinzufügen und noch 1 Minute unter ständigem Rühren sprudelnd mitkochen lassen. Topf von der Kochstelle nehmen.

4. Kochgut eventuell abschäumen und sofort randvoll in vorbereitete Gläser füllen. Die Gläser mit Twist-off-Deckeln® verschließen, umdrehen und etwa 5 Minuten auf dem Deckel stehen lassen. Gläser während des Erkaltens gelegentlich umdrehen, damit sich die Limettenschale besser verteilt.

APFEL-MÖHREN-CHUTNEY MIT CURRY

Zubereitungszeit: 30 Minuten
Garzeit: 30–40 Minuten
Durchziehzeit: etwa 2 Monate
Haltbarkeit: kühl und dunkel gestellt etwa 6 Monate

ZUTATEN FÜR 3–4 GLÄSER JE ETWA 200 ML

4 süßsaure Äpfel (etwa 600 g)
250 g Möhren
1 Zwiebel
100 g Rosinen
120 g frisch ger. Meerrettich
1 EL Currypulver indisch
1 TL gem. Ingwer
1 TL Senfmehl
300 ml Apfelessig
225 g Muscovadozucker
2 gestr. TL Meersalz

INSGESAMT:

E: 13 g, F: 5 g, Kh: 367 g, kcal: 1647

1. Äpfel schälen, vierteln, entkernen und in kleine Stücke schneiden. Möhren putzen, schälen, waschen, abtropfen lassen und der Länge nach in dünne Scheiben oder Streifen schneiden. Zwiebel abziehen, halbieren und in schmale Spalten (Halbmonde) schneiden.

2. Vorbereitete Zutaten in einen Topf geben. Restliche Zutaten hinzugeben, gut vermischen, unter ständigem Rühren bei schwacher Hitze aufkochen und 30–40 Minuten bei schwacher Hitze unter gelegentlichem Rühren köcheln lassen, bis alle Zutaten weich sind und eine marmeladenartige Konsistenz entstanden ist.

3. Chutney sofort randvoll in vorbereitete Gläser füllen, mit Twist-off-Deckeln® verschließen, umdrehen und etwa 5 Minuten auf den Deckeln stehen lassen. Chutney kühl, dunkel und trocken gestellt vor dem Verzehr etwa 2 Monate durchziehen lassen.

TIPP:

Apfel-Möhren-Chutney passt zu Hähnchen- oder Puten-Spießchen.

APFEL-PFLAUMEN-FRUCHTAUFSTRICH

Zubereitungszeit: 25 Minuten
Haltbarkeit: kühl und dunkel gestellt etwa 1 Jahr

ZUTATEN FÜR 4–5 GLÄSER JE ETWA 200 ML

350 g rote Pflaumen (vorbereitet gewogen)
650 ml Apfelsaft (Handelsware)
1 Pck. Zitronensäure (5 g)
350 g Diät Gelier-Fruchtzucker 3:1

INSGESAMT:

E: 2 g, F: 1 g, Kh: 446 g, kcal: 1856

1. Pflaumen waschen, abtropfen lassen, halbieren und entsteinen. Pflaumenhälften in kleine Stücke schneiden und 350 g abwiegen.

2. Pflaumenstücke, Apfelsaft und Zitronensäure mit Diät Gelier-Fruchtzucker in einem großen Kochtopf gut verrühren. Alles unter Rühren bei starker Hitze zum Kochen bringen und unter ständigem Rühren mindestens 3 Minuten sprudelnd kochen lassen. Topf von der Kochstelle nehmen.

3. Kochgut eventuell abschäumen und sofort randvoll in vorbereitete Gläser füllen. Gläser mit Twist-off-Deckeln® verschließen, umdrehen und etwa 5 Minuten auf den Deckeln stehen lassen.

4. Gläser während des Erkaltens gelegentlich umdrehen, damit sich die Pflaumenstückchen besser verteilen.

TIPP:

Sie können statt Diät Gelier-Fruchtzucker auch Super Gelierzucker 3:1 verwenden, das Rezept dann mit 500 g Pflaumen zubereiten.

REZEPTVARIANTE:

Beschwipster Apfel-Pflaumen-Fruchtaufstrich. Zum Verfeinern können Sie 100 ml Apfelsaft durch 100 ml Calvados ersetzen. Calvados erst nach dem Kochen unterrühren.

APRIKOSEN-ERDBEER-KONFITÜRE MIT MANDEL-KROKANT

◷ Zubereitungszeit: 35 Minuten
Haltbarkeit: kühl und dunkel gestellt 3–4 Monate
▲ Mit Alkohol

ZUTATEN FÜR 5 GLÄSER JE ETWA 200 ML

30 g gehobelte Mandeln
etwa 1 EL Puderzucker
750 g Erdbeeren (vorbereitet gewogen)
250 g Aprikosen (vorbereitet gewogen)
500 g Zucker
1 Beutel Gelfix Extra 2:1 (25 g)
50 ml Amaretto (Mandellikör)

INSGESAMT:

E: 14 g, F: 20 g, Kh: 582 g, kcal: 2616

1. Mandeln mit Puderzucker in einer Pfanne ohne Fett goldgelb rösten und herausnehmen. Erdbeeren putzen, waschen, abtropfen lassen, entstielen, in kleine Stücke schneiden und 750 g abwiegen. Die Aprikosen waschen, abtropfen lassen, halbieren, entsteinen, klein schneiden und 250 g abwiegen.

2. Mandeln, Erdbeer- und Aprikosenstücke in einen großen Kochtopf geben. Zucker mit Gelfix Extra mischen, dann mit der Fruchtmasse verrühren. Alles unter Rühren bei starker Hitze zum Kochen bringen und unter ständigem Rühren mindestens 3 Minuten sprudelnd kochen lassen. Topf von der Kochstelle nehmen. Amaretto unterrühren.

3. Kochgut eventuell abschäumen und sofort randvoll in vorbereitete Gläser füllen. Gläser mit Twist-off-Deckeln® verschließen, umdrehen und etwa 5 Minuten auf den Deckeln stehen lassen. Gläser während des Erkaltens gelegentlich umdrehen, damit sich die Mandeln gut verteilen.

TIPP:

Sie können den Amaretto auch ersatzlos weglassen.

APRIKOSENKONFITÜRE MIT ZIMT UND KORINTHEN

Zubereitungszeit: 40 Minuten
Haltbarkeit: kühl und dunkel gestellt 3–4 Monate

ZUTATEN FÜR 6 GLÄSER JE ETWA 200 ML

900 g Aprikosen (vorbereitet gewogen)
70 g Korinthen
1 Pck. Zitronensäure (5 g)
2 Zimtstangen
350 g Zucker
1 Beutel Gelfix Super 3:1 (25 g)

INSGESAMT:

E: 10 g, F: 1 g, Kh: 486 g, kcal: 2071

1. Aprikosen abspülen und die Haut an der Unterseite kreuzweise einschneiden. Aprikosen kurz in kochendes Wasser legen, herausnehmen, mit kaltem Wasser abschrecken und die Haut abziehen. Aprikosen halbieren und entsteinen. 900 g Fruchtfleisch abwiegen und in etwa 1 cm große Würfel schneiden. Mit Korinthen, Zitronensäure und Zimtstangen in einem großen Topf mischen.

2. Zucker mit Gelfix Super verrühren und unter die Fruchtmasse rühren. Alles unter Rühren bei starker Hitze zum Kochen bringen und unter ständigem Rühren mindestens 3 Minuten sprudelnd kochen lassen. Topf von der Kochstelle nehmen.

3. Kochgut eventuell abschäumen und die Zimtstangen entfernen. Konfitüre sofort randvoll in vorbereitete Gläser füllen. Gläser mit Twist-off-Deckeln® verschließen, umdrehen und etwa 5 Minuten auf den Deckeln stehen lassen.

TIPPS:

Die Konfitüre schmeckt gut zu Joghurt und Müsli. Oder mit etwas Schmand oder Crème double verrührt auf Zwieback, süßen Brötchen oder Hefemuffins.

APRIKOSENKONFITÜRE, SCHARF

Zubereitungszeit: 35 Minuten
Haltbarkeit: kühl und dunkel gestellt 3–4 Monate
▲ Mit Alkohol

ZUTATEN FÜR 5–6 GLÄSER JE ETWA 200 ML

650 g Aprikosen (von etwa 800 g Aprikosen, vorbereitet gewogen)
30 g rote Peperoni (von etwa 3 Stück, vorbereitet gewogen)
350 ml Cidre oder Apfelsaft (Handelsware)
1 Pck. Zitronensäure (5 g)
500 g Zucker
1 Beutel Gelfix Extra 2:1 (25 g)

INSGESAMT:

E: 7 g, F: 1 g, Kh: 596 g, kcal: 2542

1. Die Aprikosen abspülen, abtropfen lassen, halbieren, entsteinen, in kleine Stücke schneiden und 650 g abwiegen. Dann Peperoni halbieren, entstielen, entkernen und die weißen Scheidewände entfernen. Peperoni abspülen, abtropfen lassen, in sehr kleine Würfel schneiden und 30 g abwiegen.

2. Aprikosenstücke, Peperoniwürfel, Cidre oder Apfelsaft und Zitronensäure in einen großen Kochtopf geben. Zucker mit Gelfix Extra mischen, dann mit der Fruchtmasse verrühren.

3. Die Zutaten unter Rühren bei starker Hitze zum Kochen bringen und unter ständigem Rühren mindestens 3 Minuten sprudelnd kochen lassen. Den Topf von der Kochstelle nehmen.

4. Das Kochgut evtl. abschäumen und sofort randvoll in vorbereitete Gläser füllen. Die Gläser mit Twist-off-Deckeln® verschließen, umdrehen und etwa 5 Minuten auf den Deckeln stehen lassen.

TIPPS:

Die Schärfe der Peperoni lässt im Laufe der Lagerzeit etwas nach.
Die scharfe Aprikosenkonfitüre ist eine schmackhafte Beigabe zu Fleischfondue aus hellen Fleischsorten oder Fisch.
Sie eignet sich gut zum Abschmecken von indischen oder asiatischen Gerichten.
Diese Konfitüre ist ein schönes Geschenk für Menschen, die gern scharf essen, und sie passt gut zu Geflügelaufschnitt, gekochtem Schinken oder kräftigen Käsesorten.

BÄRLAUCHPESTO

(REZEPT OHNE FOTO)

Zubereitungszeit: 25 Minuten, ohne Abkühlzeit
Haltbarkeit: im Kühlschrank etwa 7 Tage

ZUTATEN FÜR 2 GLÄSER JE ETWA 200 ML

2 Bund Bärlauch (etwa 90 g)
50 g Pinienkerne
100 ml Olivenöl
50 ml Keimöl
120 g fein geraspelter Parmesan
Salz
gem. Pfeffer

INSGESAMT:

E: 50 g, F: 212 g, Kh: 7 g, kcal: 2107

1. Bärlauch putzen, abspülen, trocken tupfen oder schleudern und klein schneiden. Die Pinienkerne in einer Pfanne ohne Fett unter Rühren goldbraun rösten, herausnehmen und auf einem Teller abkühlen lassen.

2. Pinienkerne, Olivenöl und Keimöl in einem hohen Rührbecher fein pürieren. Bärlauch hinzugeben, nochmals kurz pürieren. Parmesan unterrühren. Mit Salz und Pfeffer würzen.

BASILIKUMPESTO

Zubereitungszeit: 20 Minuten
Haltbarkeit: im Kühlschrank etwa 6 Wochen

ZUTATEN FÜR 1 GLAS ETWA 250 ML

3–4 Knoblauchzehen
1 gestr. TL Salz
50 g Pinienkerne
8 EL gehackte Basilikumblättchen
100 g ger. Pecorino oder Parmesan
200 ml kalt gepresstes Olivenöl

INSGESAMT:

E: 46 g, F: 260 g, Kh: 8 g, kcal: 2513

1. Knoblauch abziehen, mit Salz, Pinienkernen und Basilikumblättchen im Mörser so lange zerstoßen, bis eine cremige Masse entstanden ist. Oder die Zutaten in einen hohen Rührbecher geben und mit einem Pürierstab pürieren, bis eine cremige Masse entstanden ist.

2. Käse hinzufügen und unterarbeiten. Zuletzt Olivenöl unterrühren.

3. Pesto in vorbereitete Gläser füllen. Gläser mit Twist-off-Deckeln® verschließen.

TIPP:

Basilikumpesto zu Nudeln oder Tomaten mit Mozzarella reichen.

BAUERN-LEBERPASTETE

Zubereitungszeit: 50 Minuten
Einkochzeit: etwa 90 Minuten
Haltbarkeit: gekühlt etwa 4 Wochen
▲ Mit Alkohol

ZUTATEN FÜR 4 GLÄSER JE ETWA 500 ML

500 g Rinderleber
500 g Schweinemett
Salz
Pökelsalz
frisch gem. schwarzer Pfeffer
¼ TL gerebelter Majoran
1 Ei (Größe M)
2–3 EL Weinbrand
65 g Schlagsahne
250 g durchwachsener Speck

INSGESAMT:

E. 243 g, F. 199 g, Kh. 31 g, kcal. 2956

1. Rinderleber mit Küchenpapier abtupfen, durch die grobe Scheibe des Fleischwolfs drehen, mit Schweinemett vermengen. Mit Salz, Pökelsalz, Pfeffer und Majoran würzen. Ei, Weinbrand und Sahne gut untermengen.

2. Die Zutaten nochmals mit Handrührgerät, mit Pürierstab oder im Mixer fein pürieren.

3. Speck in kleine Würfel schneiden, zur Fleischmasse geben, gut unterarbeiten und in vorbereitete Einkochgläser füllen.

4. Jeweils Gummiring und Deckel nass auf den gesäuberten Glasrand legen, mit Bügel oder Feder verschließen. Gläser auf einem Einsatz in den Einkochtopf stellen, so viel kaltes Wasser hinzugießen, dass die Gläser zu ¾ von Wasser umgeben sind.

5. Den Topf verschließen, die Bauern-Leberpastete etwa 90 Minuten bei etwa 98 °C einkochen.

6. Die Gläser herausnehmen, erkalten lassen und kühl aufbewahren.

TIPP:

Die Bauern-Leberpastete mit Bauernbrot servieren.

BAUERNSÜLZE

Zubereitungszeit: 35 Minuten, ohne Abkühlzeit
Gar- und Einkochzeit: 2¼–2¾ Stunden
Haltbarkeit: kühl und dunkel gestellt etwa 9 Monate

ZUTATEN FÜR 4 GLÄSER JE ETWA 1 L

4 kg Schweinefleisch (Spitzbein, Eisbein, Kopffleisch, Schulter, Nacken, Schwänzchen)
10 Lorbeerblätter
2 EL Pimentkörner (Nelkenpfeffer)
3 EL Wacholderbeeren
2 EL schwarze Pfefferkörner
10 Gewürznelken
4 abgezogene Zwiebeln
Salz
1 l Weißweinessig

INSGESAMT:

E: 807 g, F: 371 g, Kh: 68 g, kcal: 7593

1. Schweinefleisch mit Küchenpapier abtupfen, mit Lorbeerblättern, Pimentkörnern, Wacholderbeeren, Pfefferkörnern, Nelken, Zwiebeln und Salz in einen hohen Kochtopf geben. So viel Wasser hinzugießen, dass das Fleisch ganz bedeckt ist. Die Hälfte des Essigs hinzugießen und zum Kochen bringen. Die Brühe abschäumen. Das Fleisch 60–90 Minuten garen.

2. Das Fleisch aus der Brühe nehmen, etwas abkühlen lassen und von den Knochen lösen. Schwarten und Fett abschneiden, zusammen mit den Knochen wieder in die Brühe geben.

3. Die Brühe nochmals kräftig mit Salz abschmecken, aufkochen lassen, durch ein Geschirrtuch gießen, mit dem restlichen Essig und nach Belieben mit Salz kräftig abschmecken. Brühe etwas abkühlen lassen.

4. In der Zwischenzeit das Fleisch in Würfel schneiden und in die vorbereiteten Einkochgläser füllen. Die Brühe darübergießen, sodass das Fleisch reichlich mit der Brühe bedeckt ist.

5. Jeweils Gummiring und Deckel nass auf den gesäuberten Glasrand legen, mit Klammern verschließen. Gläser auf einen Auflagenrost in den Einkochtopf stellen, so viel kaltes Wasser hinzugießen, dass die Gläser zu ¾ im Wasser stehen.

6. Den Topf verschließen. Dann die Bauernsülze etwa 75 Minuten bei etwa 100 °C einkochen.

BBQ-SAUCE (BARBECUE-SAUCE)

Zubereitungszeit: 20 Minuten, ohne Kühlzeit
Durchziehzeit: etwa 1 Tag
Haltbarkeit: gekühlt 3–4 Wochen

ZUTATEN FÜR 1 FLASCHE ETWA 750 ML

150 ml starker Kaffee (Espresso oder Mokka)
½ Gemüsezwiebel
½ kleines Bund Petersilie
½ TL Sambal Oelek
500 ml Tomatenketchup

INSGESAMT:

E: 13 g, F: 2 g, Kh: 128 g, kcal: 594

1. Kaffee zubereiten und kalt stellen. Zwiebelhälfte abziehen und in sehr kleine Würfel schneiden.

2. Petersilie abspülen und trocken tupfen. Die Blättchen von den Stängeln zupfen. Blättchen klein schneiden.

3. Den Kaffee in eine Schüssel gießen. Zwiebelwürfel, Petersilie, Sambal Oelek und Ketchup hinzufügen. Die Zutaten gut verrühren.

4. Die Sauce in vorbereitete Gläser oder Flaschen füllen, fest verschließen und kalt stellen. Sauce etwa 1 Tag durchziehen lassen.

5. Die BBQ-Sauce kann schon nach einem Tag verwendet werden.

TIPPS:

Sie eignet sich besonders gut zu gegrilltem Fleisch und zum Bestreichen von gebackenen Spareribs. Oder als Dip zu Frittiertem reichen.

BEERENKETCHUP MIT ZIMT UND MINZE

Zubereitungszeit: 85 Minuten
Haltbarkeit: gekühlt und dunkel gestellt etwa 4 Wochen

ZUTATEN FÜR 6–7 GLÄSER JE ETWA 200 ML

2 kg frische Beeren, z. B. Brombeeren
800 g Zucker
600 ml Weißweinessig
½ TL gem. Gewürznelken
½ TL gem. Piment
1 Zimtstange
3 Zweige Minze
Salz
gem. Pfeffer

INSGESAMT:

E: 24 g, F: 18 g, Kh: 915 g, kcal: 4022

1. Beeren verlesen, abspülen, mit Zucker, Essig, Nelken, Piment und Zimtstange in einem Topf unter ständigem Rühren bei schwacher Hitze zum Kochen bringen, zugedeckt bei mittlerer Hitze etwa 60 Minuten kochen lassen, dabei ab und zu umrühren.

2. Zimtstange entfernen. Die Beerenmasse durch ein feines Sieb streichen oder durch eine Flotte Lotte (Passiermühle) geben. Den Beerensaft (Ketchup) dabei auffangen.

3. Minze abspülen und trocken tupfen. Die Blättchen von den Stängeln zupfen. Blättchen in feine Streifen schneiden und unter das Ketchup rühren. Das Beerenketchup mit Salz und Pfeffer abschmecken.

4. Das heiße Ketchup sofort in vorbereitete Gläser füllen und mit Twist-off-Deckeln® verschließen.

TIPPS:

Beerenketchup passt gut zu gereiftem Hartkäse mit kräftigem Geschmack.
Es passt auch wunderbar zu Lammfleisch und Lammwürsten (z. B. Merguez) vom Grill oder aus der Pfanne.

BIRNEN IN SENFSUD

Zubereitungszeit: 30 Minuten
Haltbarkeit: gekühlt etwa 6 Monate

ZUTATEN FÜR 2–3 GLÄSER JE ETWA 500 ML

FÜR DIE ESSIGLÖSUNG:

40 g frischer Meerrettich
625 ml Wasser
175 g Zucker
etwa 300 ml Rotweinessig
½ TL Salz
3 Lorbeerblätter
1 TL weiße Pfefferkörner
3–4 Gewürznelken
1 getrocknete Chilischote
50 g Senfkörner

1,25 kg kleine feste Birnen
½ Pck. Einmach-Hilfe

INSGESAMT:

E: 22 g, F: 19 g, Kh: 353 g, kcal: 1696

1. Für die Essiglösung Meerrettich schälen, in dünne Streifen schneiden und in einen großen Topf geben. Wasser, Zucker, Rotweinessig, Salz, Lorbeerblätter, Pfefferkörner, Nelken, Chilischote und Senfkörner hinzufügen.

2. Birnen waschen, abtrocknen, mit Stiel und Blüte in die Essiglösung geben, zum Kochen bringen und so lange köcheln lassen, bis sich die Birnen mit einer Nadel durchstechen lassen.

3. Die Birnen mit einem Schaumlöffel aus der Essiglösung nehmen und in vorbereitete Gläser schichten. Die Essiglösung noch einmal aufkochen lassen und zum Schluss die Einmach-Hilfe unterrühren.

4. Die heiße Essiglösung über die Birnen gießen. Die Gläser sofort mit Twist-off-Deckeln® verschließen, umdrehen und etwa 5 Minuten auf den Deckeln stehen lassen. Birnen kühl (im Keller) aufbewahren.

TIPP:

Die Rotweinessigmenge halbieren und durch 150 ml Rotwein ersetzen.

BIRNEN-APFEL-KONFITÜRE

Zubereitungszeit: 45 Minuten
Haltbarkeit: kühl und dunkel gestellt etwa 1 Jahr

ZUTATEN FÜR 7 GLÄSER JE ETWA 200 ML

500 g Birnen (vorbereitet gewogen)
500 g Äpfel (vorbereitet gewogen)
je 1 Msp. gem. Zimt und Gewürznelken
1 Pck. Zitronensäure (5 g)
1 Beutel Gelfix Classic 1:1 (20 g)
1150 g Zucker

INSGESAMT:

E: 4 g, F: 4 g, Kh: 1270 g, kcal: 5203

1. Birnen und Äpfel schälen, vierteln, entkernen, in kleine Stücke schneiden und jeweils 500 g abwiegen.

2. Fruchtstücke mit Zimt, Nelken und Zitronensäure in einen großen Kochtopf geben.

3. Gelfix Classic zuerst mit 2 Esslöffeln des Zuckers mischen, dann mit den Fruchtstücken verrühren.

4. Das Kochgut unter Rühren bei starker Hitze zum Kochen bringen. Sobald alles bei ständigem Rühren sprudelnd kocht, noch den restlichen Zucker hinzufügen.

5. Alles unter Rühren wieder zum Kochen bringen und unter ständigem Rühren mindestens 3 Minuten sprudelnd kochen lassen. Topf von der Kochstelle nehmen.

6. Kochgut eventuell abschäumen und sofort randvoll in vorbereitete Gläser füllen. Gläser mit Twist-off-Deckeln® verschließen, umdrehen und etwa 5 Minuten auf den Deckeln stehen lassen.

BIRNEN-MÖHREN-KONFITÜRE MIT ROSA PFEFFERBEEREN

Zubereitungszeit: 45 Minuten
Haltbarkeit: kühl und dunkel gestellt 3–4 Monate

ZUTATEN FÜR 5 GLÄSER JE ETWA 200 ML

600 g reife Birnen (von etwa 5 Birnen, vorbereitet gewogen)
250 g fein geraspelte Möhren (von etwa 300 g Möhren, vorbereitet gewogen)
50 ml klarer Apfelsaft (Handelsware)
1 geh. TL rosa Pfefferbeeren
500 g Extra Gelierzucker 2:1

INSGESAMT:

E: 6 g, F: 3 g, Kh: 602 g, kcal: 2459

1. Die Birnen schälen, vierteln, entkernen, in kleine Stücke schneiden und 600 g abwiegen. Möhren putzen, schälen, abspülen, abtropfen lassen, auf einer Haushaltsreibe fein raspeln und 250 g abwiegen.

2. Birnenstücke mit den Möhrenraspeln, Apfelsaft und Pfefferbeeren in einem großen Kochtopf vermischen. Extra Gelierzucker gut unterrühren.

3. Die Zutaten unter Rühren bei starker Hitze zum Kochen bringen und unter ständigem Rühren mindestens 3 Minuten sprudelnd kochen lassen. Den Topf von der Kochstelle nehmen.

4. Das Kochgut evtl. abschäumen und sofort randvoll in vorbereitete Gläser füllen.

5. Die Gläser mit Twist-off-Deckeln® verschließen, umdrehen und etwa 5 Minuten auf den Deckeln stehen lassen.

BLUTORANGENGELEE

(REZEPT OHNE FOTO)

Zubereitungszeit: 40 Minuten
Haltbarkeit: kühl und dunkel gestellt etwa 1 Jahr

ZUTATEN FÜR 6 GLÄSER JE ETWA 200 ML

850 ml Blutorangensaft (von etwa 16 Blutorangen)
1 Beutel Gelfix Classic 1:1 (20 g)
1 kg Zucker

INSGESAMT:

E: 6 g, F: 2 g, Kh: 1079 g, kcal: 4413

1. Orangen halbieren, den Saft auspressen, 850 ml abmessen und in einen großen Kochtopf geben.

2. Gelfix Classic zuerst mit 2 Esslöffeln der abgewogenen Zuckermenge mischen, dann zu dem Orangensaft in den Topf geben und gut verrühren.

3. Die Zutaten unter Rühren bei starker Hitze zum Kochen bringen. Sobald alles bei ständigem Rühren sprudelnd kocht, restlichen Zucker hinzufügen.

4. Alles unter Rühren wieder zum Kochen bringen und unter ständigem Rühren mindestens 3 Minuten sprudelnd kochen lassen. Den Topf von der Kochstelle nehmen.

5. Das Kochgut evtl. abschäumen und sofort randvoll in vorbereitete Gläser füllen. Die Gläser mit Twist-off-Deckeln® verschließen, umdrehen und etwa 5 Minuten auf den Deckeln stehen lassen.

BROMBEER-BIRNEN-KONFITÜRE

Zubereitungszeit: 25 Minuten
Haltbarkeit: kühl und dunkel gestellt etwa 1 Jahr

ZUTATEN FÜR 4–5 GLÄSER JE ETWA 200 ML

600 g Brombeeren (von etwa 700 g Brombeeren, vorbereitet gewogen)
400 g reife Birnen (von etwa 3 Birnen, vorbereitet gewogen)
350 g Zucker oder Fruchtzucker
1 Beutel Gelfix Super 3:1 (25 g)

INSGESAMT:

E: 9 g, F: 7 g, Kh: 455 g, kcal: 1907

1. Brombeeren verlesen, evtl. kurz abspülen und abtropfen lassen. Evtl. Blütenansätze entfernen und 600 g abwiegen. Birnen schälen, vierteln, entkernen, klein schneiden, 400 g abwiegen.

2. Brombeeren und Birnenstücke in einen großen Kochtopf geben. Süßungsmittel (Zucker oder Fruchtzucker) mit Gelfix Super mischen, dann mit der Fruchtmasse gut verrühren.

3. Die Zutaten unter Rühren bei starker Hitze zum Kochen bringen und unter ständigem Rühren mindestens 3 Minuten sprudelnd kochen lassen. Den Topf von der Kochstelle nehmen.

4. Das Kochgut evtl. abschäumen und sofort randvoll in vorbereitete Gläser füllen. Gläser mit Twist-off-Deckeln® verschließen, umdrehen und etwa 5 Minuten auf den Deckeln stehen lassen.

TIPP:

Wenn Sie keine Kerne in Ihrer Konfitüre möchten, streichen Sie etwa 1 kg Brombeeren vor dem Kochen durch ein Sieb und wiegen 600 g ab.

BROMBEERKONFITÜRE

(REZEPT OHNE FOTO)

Zubereitungszeit: 45 Minuten
Haltbarkeit: kühl und dunkel gestellt etwa 1 Jahr

ZUTATEN FÜR 7 GLÄSER JE ETWA 200 ML

1 kg Brombeeren (von etwa 1,2 kg Brombeeren, vorbereitet gewogen)
1 Beutel Gelfix Classic 1:1 (20 g)
1150 g Zucker

INSGESAMT:

E: 12 g, F: 10 g, Kh: 1216 g, kcal: 5003

1. Die Brombeeren verlesen, evtl. Blütenansätze entfernen. Brombeeren vorsichtig abspülen, gut abtropfen lassen und 1 kg abwiegen. Die Brombeeren zerdrücken, am besten mit einem Stampfer oder Pürierstab zerkleinern.

2. Brombeermus in einen großen Kochtopf geben. Gelfix Classic zuerst mit 2 Esslöffeln der abgewogenen Zuckermenge mischen, dann mit dem Brombeermus gut verrühren.

3. Die Zutaten unter Rühren bei starker Hitze zum Kochen bringen. Sobald alles bei ständigem Rühren sprudelnd kocht, restlichen Zucker hinzufügen. Alles unter Rühren wieder zum Kochen bringen und unter ständigem Rühren mindestens 3 Minuten sprudelnd kochen lassen. Den Topf von der Kochstelle nehmen.

4. Kochgut evtl. abschäumen und sofort randvoll in vorbereitete Gläser füllen. Gläser mit Twist-off-Deckeln® verschließen, umdrehen und etwa 5 Minuten auf den Deckeln stehen lassen.

TIPP:

3 Esslöffel Gin unter die fertige Konfitüre rühren.

BROMBEER-LIMETTEN-GELEE

Zubereitungszeit: 45 Minuten, ohne Entsaftungszeit
Haltbarkeit: kühl und dunkel gestellt etwa 1 Jahr

ZUTATEN FÜR 4 GLÄSER JE ETWA 200 ML

650 ml Brombeersaft
(von etwa 1,1 kg Brombeeren)
3 Bio-Limetten
(unbehandelt, ungewachst)
400 g Zucker
1 Beutel Gelfix Extra 2:1 (25 g)

INSGESAMT:

E: 8 g, F: 6 g, Kh: 470 g, kcal: 1980

1. Die Brombeeren verlesen, entstielen, abspülen und abtropfen lassen. Limetten heiß abwaschen und abtrocknen. 1 Limette dünn schälen. Limettenschale zu den Brombeeren geben.

2. Die Brombeeren im Schnellkochtopf oder Dampfentsafter entsaften (Gebrauchsanleitung des Geräteherstellers beachten). 650 ml Saft abmessen.

3. Von den restlichen Limetten die Schale mit einem Zestenreißer in Streifen abziehen. Alle Limetten halbieren, den Saft auspressen und 100 ml Saft abmessen. Den Limettensaft mit dem Brombeersaft in einen großen Kochtopf geben. Abgewogene Zuckermenge mit Gelfix Extra mischen, mit dem Saft gut verrühren.

4. Die Zutaten unter Rühren bei starker Hitze zum Kochen bringen und unter ständigem Rühren mindestens 3 Minuten sprudelnd kochen lassen. Den Topf von der Kochstelle nehmen.

5. Das Kochgut evtl. abschäumen. Limettenstreifen unterrühren. Kochgut sofort randvoll in vorbereitete Gläser füllen. Gläser mit Twist-off-Deckeln® verschließen, umdrehen und etwa 5 Minuten auf den Deckeln stehen lassen.

6. Die Gläser während des Erkaltens gelegentlich umdrehen, damit sich die Limettenschalen gleichmäßig verteilen.

BROMBEER-ROTWEIN-KONFITÜRE

Zubereitungszeit: 40 Minuten
Haltbarkeit: kühl und dunkel gestellt etwa 1 Jahr
▲ Mit Alkohol

ZUTATEN FÜR 6 GLÄSER JE ETWA 200 ML

500 g Brombeeren (vorbereitet gewogen)
400 ml trockener Rotwein
1 Beutel Gelfix Classic 1:1 (20 g)
900 g Zucker

INSGESAMT:

E: 7 g, F: 5 g, Kh: 945 g, kcal: 4097

1. Brombeeren verlesen, evtl. kurz abspülen, trocken tupfen und 500 g abwiegen.

2. Brombeeren und Rotwein in einen großen Kochtopf geben. Gelfix Classic zuerst mit 2 Esslöffeln der abgewogenen Zuckermenge mischen, dann mit der Fruchtmasse gut verrühren. Die Zutaten unter Rühren bei starker Hitze zum Kochen bringen.

3. Sobald alles bei ständigem Rühren sprudelnd kocht, restlichen Zucker hinzufügen. Alles unter Rühren wieder zum Kochen bringen und unter ständigem Rühren mindestens 3 Minuten sprudelnd kochen lassen. Den Topf von der Kochstelle nehmen.

4. Das Kochgut evtl. abschäumen und sofort randvoll in vorbereitete Gläser füllen.

5. Die Gläser mit Twist-off-Deckeln® verschließen, umdrehen und etwa 5 Minuten auf den Deckeln stehen lassen.

TIPP:

Sollten Sie die Kerne der Brombeeren in der Brombeer-Rotwein-Konfitüre als störend empfinden, passieren Sie 900 g Brombeeren durch ein feines Sieb und wiegen danach 500 g Brombeerenmasse ab.

CHAMPIGNONS, MARINIERT

● Zubereitungszeit: 60 Minuten
Durchziehzeit: einige Tage
Haltbarkeit: gekühlt etwa 2 Wochen
▲ Mit Alkohol

ZUTATEN FÜR 4 GLÄSER JE ETWA 500 ML

2 ½ kg kleine Champignons

FÜR DIE MARINADE:

1–2 Chilischoten
6–8 Knoblauchzehen
2 Zweige Rosmarin
250 ml Weißweinessig
250 ml Weißwein
250 ml Speiseöl
2 EL grüne Pfefferkörner
2 gestr. TL Salz

INSGESAMT:

E: 104 g, F: 256 g, Kh: 23 g, kcal: 2866

1. Champignons putzen, evtl. kurz abspülen und trocken tupfen.

2. Für die Marinade Chilischoten putzen, abspülen und trocken tupfen. Knoblauch abziehen und in dünne Scheiben schneiden. Rosmarin abspülen und trocken tupfen.

3. Essig, Weißwein und Speiseöl in einem Topf verrühren. Chilischoten, Knoblauchscheiben, Rosmarin, Pfefferkörner und Salz hinzufügen. Die Zutaten kurz aufkochen lassen. Den Topf von der Kochstelle nehmen.

4. Champignons in der Marinade etwa 10 Minuten ziehen und abkühlen lassen.

5. Champignons mit der Marinade in vorbereitete Gläser füllen. Gläser mit Twist-off-Deckeln® verschließen.

6. Champignons kalt gestellt einige Tage durchziehen lassen.

TIPP:

Marinierte Champignons zu Grillspezialitäten reichen oder auf ein Buffet stellen.

CLEMENTINEN-LIKÖR

◷ Zubereitungszeit: 20 Minuten
Durchziehzeit: etwa 2 Monate
Haltbarkeit: gekühlt etwa 1 Jahr
▲ Mit Alkohol

ZUTATEN FÜR 1 GROSSES GLAS ETWA 1,2 L

12 Bio-Clementinen (unbehandelt)
1 TL Korianderkörner
2 Zimtstangen
700 ml Wodka (40 Vol.-%)
400 g Zucker

INSGESAMT:

E: 1 g, F: 0 g, Kh: 408 g, kcal: 3274

1. Clementinen gründlich heiß abwaschen und abtrocknen. Clementinen mit einem Sparschäler dünn abschälen. Dabei darauf achten, dass nur die orange Schale und nicht das Weiße abgeschält wird. Schale in feine Streifen schneiden. Die Hälfte der Clementinen halbieren und den Saft auspressen, die andere Hälfte Clementinen in dünne Scheiben schneiden. Korianderkörner leicht zerstoßen. Zimtstangen in Stücke brechen.

2. Clementinenschale, -scheiben, -saft, Zimt, Wodka und Zucker in ein großes, gründlich gereinigtes, gespültes Glas füllen. Glas verschließen und kräftig schütteln. Den Likör etwa 2 Monate an einem kühlen, dunkeln Ort (am besten im Keller) durchziehen lassen. Zwischendurch schütteln.

3. Nach etwa 2 Monaten den angesetzten Likör durch ein mit einem Geschirrtuch ausgelegtes Sieb gießen und in Flaschen (je 0,6 l) füllen. Flaschen fest verschließen und kalt stellen.

TIPPS:

Nach Belieben können Sie anstelle von Wodka auch Gin oder Weinbrand verwenden.
Die herausgefilterten Clementinenscheiben in ein Glas geben und mit dem Likör aufgefüllt servieren.

CONFIT VON ROTEN ZWIEBELN UND PREISELBEEREN

● Zubereitungszeit: 30 Minuten
Haltbarkeit: kühl und dunkel gestellt mindestens 3 Monate
▲ Mit Alkohol

ZUTATEN FÜR 900–1000 ML

20 mittelgroße rote Zwiebeln (etwa 600 g, geschält)
4 EL Olivenöl
2 EL brauner Zucker
160 ml Sherryessig
500 ml Orangensaft (Handelsware)
250 ml Rotwein
4 Lorbeerblätter
500 g Preiselbeeren (vorbereitet gewogen)
250 g Extra Gelierzucker 2:1
100 ml Cassislikör
2 Stängel Thymian
1 gestr. TL gem. Piment
Salz
gem. Pfeffer

INSGESAMT:

E: 13 g, F: 45 g, Kh: 417 g, kcal: 2469

1. Zwiebeln abziehen und längs halbieren. Olivenöl in einem großen Topf erhitzen. Zwiebelhälften darin evtl. in 2 Portionen etwa 6 Minuten von allen Seiten goldgelb anbraten. Nach etwa 4 Minuten Bratzeit den Zucker hinzugeben und karamellisieren lassen. Mit Essig und Orangensaft ablöschen, zum Kochen bringen und zur Hälfte einkochen lassen.

2. Rotwein und Lorbeerblätter hinzugeben. Die Flüssigkeit bei mittlerer Hitze nochmals sirupartig einkochen (kann je nach Topfdurchmesser bis zu 45 Minuten dauern).

3. In der Zwischenzeit Preiselbeeren putzen, abspülen, abtropfen lassen, 500 g abwiegen und in einen großen Kochtopf geben, mit Gelierzucker und Cassislikör gut verrühren. Die Zutaten unter Rühren bei starker Hitze zum Kochen bringen und unter ständigem Rühren mindestens 3 Minuten sprudelnd kochen lassen. Den Topf von der Kochstelle nehmen. Kochgut evtl. abschäumen.

4. Thymian abspülen und trocken tupfen. Die Blättchen von den Stängeln zupfen. Die Preiselbeerkonfitüre mit den Thymianblättchen und Piment zum Zwiebelconfit in den Topf geben. Die Zutaten nochmals unter Rühren kurz aufkochen lassen. Mit 1 Prise Salz und Pfeffer abschmecken.

5. Confit sofort randvoll in vorbereitete Gläser füllen. Die Gläser mit Twist-off-Deckeln® verschließen, umdrehen und etwa 5 Minuten auf den Deckel stehen lassen. Die Gläser an einen kühlen Ort stellen.

TIPPS:

Passt sehr gut zu frischem Käse, Hackfleisch, grober Wurst und Pasteten.
Confit macht sich zudem hervorragend als Basis für delikate Saucen.

CRANBERRYGELEE MIT ORANGENSAFT

● Zubereitungszeit: 30 Minuten,
ohne Durchziehzeit
Haltbarkeit: kühl und dunkel gestellt
3–4 Monate

ZUTATEN FÜR 5 GLÄSER JE ETWA 200 ML

125 g Cranberrys, getrocknet, ungeschwefelt
1 Bio-Orange (unbehandelt, ungewachst)
330 ml Cranberrysaft (Direktsaft, 100 %)
300 ml Orangensaft (Handelsware)
250 ml Apfelsaftkonzentrat
500 g Extra Gelierzucker 2:1
1 Pck. Zitronensäure (5 g)

INSGESAMT:

E: 7 g, F: 2 g, Kh: 806 g, kcal: 3336

1. Cranberrys grob hacken. Die Orange heiß abwaschen, abtrocknen und die Schale abreiben. Oder von der Orange mit einem Zestenreißer Streifen abziehen.

2. Cranberrys mit Orangenschale oder -streifen und Cranberrysaft in einem großen Kochtopf verrühren, etwa 2 Stunden durchziehen lassen.

3. Den Orangensaft und das Apfelsaftkonzentrat mit Extra Gelierzucker zu der Cranberrymasse in den Topf geben und gut unterrühren. Die Zutaten unter Rühren bei starker Hitze zum Kochen bringen und unter ständigem Rühren mindestens 3 Minuten sprudelnd kochen lassen. Zitronensäure unterrühren. Den Topf von der Kochstelle nehmen.

4. Das Kochgut evtl. abschäumen und sofort randvoll in vorbereitete Gläser füllen. Die Gläser mit Twist-off-Deckeln® verschließen, umdrehen, etwa 5 Minuten auf den Deckeln stehen lassen.

CRANBERRY-ORANGEN-RELISH (REZEPT OHNE FOTO)

● Zubereitungszeit: 30 Minuten
Haltbarkeit: im Kühlschrank etwa 7 Tage
▲ Mit Alkohol

ZUTATEN FÜR 3 GLÄSER JE ETWA 200 ML

200 g frische Cranberrys
2 Kumquats (Zwergorange) mit Schale (etwa 25 g)
100 g Orangenfilets
100 ml Weißwein
100 ml Orangensaft (Handelsware)
50 g Zucker
1 cl Weinbrand
1 cl Himbeeressig
1 EL fein geschnittene Zitronenmelisse
etwas Senfpulver
gem. Gewürznelken und Pfeffer
evtl. 1 EL Speisestärke

INSGESAMT:

E: 4 g, F: 1 g, Kh: 97 g, kcal: 505

1. Cranberrys evtl. kurz abspülen, trocken tupfen. Kumquats entstielen, abspülen und abtrocknen. Orangenfilets und Kumquats in kleine Würfel schneiden.

2. Cranberrys und Fruchtwürfel in einen Kochtopf geben. Weißwein, Orangensaft und Zucker hinzufügen, zum Kochen bringen und etwa 15 Minuten kochen lassen.

3. Weinbrand, Himbeeressig und Zitronenmelisse hinzufügen. Mit Senfpulver, Nelken und Pfeffer würzen. Evtl. Speisestärke mit etwas Wasser anrühren, in die Fruchtmasse rühren und unter Rühren aufkochen lassen.

4. Relish sofort randvoll in vorbereitete Gläser füllen und mit Twist-off-Deckeln® verschließen.

CURRYGURKEN

Zubereitungszeit: 40 Minuten
Einkochzeit: etwa 35 Minuten
Haltbarkeit: kühl und dunkel gestellt mindestens 3–6 Monate

ZUTATEN FÜR 7 GLÄSER JE ETWA 350 ML

2 kg große reife Einlegegurken
250 g ganz kleine Zwiebeln oder Perlzwiebeln
1 Bund Dill
750 ml Weißweinessig (5%)
500 ml Wasser
200 g brauner Zucker
4 EL Salz
8 Limettenblätter
2 EL Currypulver indisch
1 TL Thai-Currypulver

INSGESAMT:

E: 10 g, F: 5 g, Kh: 274 g, kcal: 1330

1. Gurken schälen, abspülen, trocken tupfen und die Enden abschneiden. Gurken längs halbieren. Die Kerne mit einem Esslöffel herausschaben. Gurkenhälften in etwa 2 cm dicke Scheiben schneiden. Zwiebeln abziehen, größere Zwiebeln halbieren oder vierteln. Dill abspülen und trocken tupfen. Dill mit den Stängeln grob hacken und beiseitelegen.

2. Essig mit 500 ml Wasser, Zucker und Salz in einem großen Topf zum Kochen bringen. Die Gurkenscheiben und Zwiebeln in der Flüssigkeit 3–5 Minuten bissfest kochen.

3. Die Gurkenscheiben und Zwiebeln noch heiß abwechselnd mit dem gehackten Dill in vorbereitete Gläser füllen.

4. Eine Fettpfanne zur Hälfte mit Wasser füllen und in den Backofen schieben.

5. Den Backofen vorheizen.
Ober-/Unterhitze: etwa 120 °C
Heißluft: etwa 100 °C

6. Den Gurkensud nochmals mit abgespülten und trocken getupften Limettenblättern und dem Currypulver aufkochen. Die eingeschichteten Gurken und Zwiebeln damit übergießen, sodass die Gurken ganz bedeckt sind. Die Gläser sofort mit Twist-off-Deckeln® verschließen. Die Gläser in die vorbereitete Fettpfanne stellen. Die Gurken etwa 35 Minuten einkochen (sterilisieren).

7. Die Gurken 3–4 Wochen an einem kühlen, dunklen Ort ziehen lassen.

TIPP:

Für eine besondere Würze können den Currygurken noch 1 Esslöffel Senfkörner und einige Pimentkörner hinzugefügt werden.

CURRYSAUCE

Zubereitungszeit: 25 Minuten
Haltbarkeit: gekühlt 3–4 Monate

ZUTATEN FÜR 1 FLASCHE ETWA 750 ML

300 ml Wasser
½ EL Currypulver indisch
1–2 EL Zucker
½ TL Paprikapulver rosenscharf
½ TL Sambal Oelek
500 ml Tomatenketchup

INSGESAMT:

E: 11 g, F: 2 g, Kh: 146 g, kcal: 661

1. Wasser in einen Topf geben. Curry, Zucker, Paprika und Sambal Oelek hinzufügen, zum Kochen bringen.

2. Den Topf von der Kochstelle nehmen. Ketchup einrühren und unter ständigem Rühren bei schwacher Hitze etwas einkochen lassen.

3. Das Curry-Ketchup kann sofort verwendet werden oder das Ketchup in vorbereitete Gläser oder Flaschen füllen und fest verschließen.

TIPPS:

Die Currysauce passt gut zur klassischen Currywurst oder zu gegrillten Fleischspießen. Die Schärfe der Sauce können Sie natürlich individuell abstimmen, ganz nach eigener Vorliebe.
Sie passt gut zu indischen oder chinesischen Gerichten, mit Schweinefleisch, Geflügel oder Fisch.

CURRYWURST

- Zubereitungszeit: 20 Minuten
  Einkochzeit: etwa 35 Minuten
  Haltbarkeit: kühl und dunkel gestellt mindestens 3 Monate

ZUTATEN FÜR 5 GLÄSER JE ETWA 440 ML

FÜR DIE CURRYSAUCE:

300 ml Wasser
3 geh. TL Currypulver indisch
2 TL brauner Zucker
1 TL Paprikapulver rosenscharf
1 TL Sambal Oelek
1 l gutes Tomatenketchup

10 Rostbratwürstchen (vorgebrüht)
2 Frühlingszwiebeln
3 EL Speiseöl
Salz
gem. Pfeffer

INSGESAMT:

E: 172 g, F: 300 g, Kh: 264 g, kcal: 4434

1. Für die Currysauce Wasser mit Curry, Zucker, Paprika und Sambal Oelek in einem Topf zum Kochen bringen. Den Topf von der Kochstelle nehmen und das Ketchup unterrühren. Die Currysauce nochmals unter ständigem Rühren kurz aufkochen lassen.

2. Die Bratwürstchen in 1–1 ½ cm dicke Scheiben schneiden. Frühlingszwiebeln putzen, abspülen, abtropfen lassen und in Scheiben schneiden.

3. Eine Fettpfanne zur Hälfte mit Wasser füllen und in den Backofen schieben.

4. Den Backofen vorheizen.
Ober-/Unterhitze: etwa 120 °C
Heißluft: etwa 100 °C

5. Speiseöl in einer großen Pfanne oder einem Bräter erhitzen. Die Bratwurstscheiben darin in 2–3 Portionen von beiden Seiten 3–4 Minuten kräftig anbraten. Frühlingszwiebelscheiben hinzugeben und kurz mit anbraten. Mit Salz und Pfeffer würzen.

6. Die Bratwurstscheiben mit den Frühlingszwiebelscheiben sofort in vorbereitete Gläser geben. Die noch heiße Currysauce darauf verteilen, sodass die Bratwurstscheiben gut bedeckt sind. Die Gläser sofort mit Twist-off-Deckeln® verschließen.

7. Die Gläser in die vorbereitete Fettpfanne stellen. Die Currywurst etwa 35 Minuten einkochen (sterilisieren).

8. Die Gläser an einen kühlen, dunklen Ort stellen.

TIPP:

Schnell aus der herkömmlichen Currywurst eine De-luxe-Variante machen? Einfach vor dem Verschließen der Gläser eine angebratene Riesengarnele (ohne Kopf und Schale, entdarmt) auf der Currywurst platzieren.

DREIFRUCHTGELEE

Zubereitungszeit: 30 Minuten, ohne Entsaftungs- und Abkühlzeit
Haltbarkeit: kühl und dunkel gestellt etwa 1 Jahr

ZUTATEN FÜR 4 GLÄSER JE ETWA 200 ML

400 ml Johannisbeersaft
(von etwa 600 g roten Johannisbeeren)
300 ml Brombeersaft
(von etwa 450 g Brombeeren)
200 ml Sauerkirschsaft
(von etwa 350 g entsteinten Sauerkirschen)
1 Pck. Zitronensäure (5 g)
350 g Zucker, Fruchtzucker oder Sorbit*
(oder 25 ml Flüssigsüße)
1 Beutel Gelfix Super 3:1 (25 g)

INSGESAMT:

E: 9 g, F: 4 g, Kh: 407 g, kcal: 2110

1. Johannisbeeren waschen und abtropfen lassen. Beeren mithilfe eines Schnellkochtopfes oder Dampfentsafters entsaften (bitte die Gebrauchsanleitung des Geräteherstellers beachten). Saft abkühlen lassen und 400 ml abmessen. Brombeeren verlesen, waschen, abtropfen lassen. Daraus wie zuvor beschrieben Saft gewinnen, ihn abkühlen lassen und 300 ml abmessen. Kirschen waschen, entstielen, entsteinen. Daraus ebenso Saft gewinnen, ihn abkühlen lassen und 200 ml abmessen.

2. Die Fruchtsäfte und Zitronensäure in einen großen Kochtopf geben. Süßungsmittel mit Gelfix Super mischen, dann mit dem Fruchtsaft verrühren (oder Säfte und Zitronensäure in einen großen Kochtopf geben, mit abgemessener Flüssigsüße und Gelfix Super gut verrühren).

3. Alles unter Rühren bei starker Hitze zum Kochen bringen und unter ständigem Rühren mindestens 3 Minuten sprudelnd kochen lassen. Topf von der Kochstelle nehmen.

4. Kochgut eventuell abschäumen und sofort randvoll in vorbereitete Gläser füllen. Die Gläser mit Twist-off-Deckeln® verschließen, umdrehen und etwa 5 Minuten auf den Deckeln stehen lassen.

* Diabetiker sollten Zuckeraustauschstoffe verwenden.

REZEPTVARIANTEN:

Probieren Sie auch einmal folgende Mischungen für Dreifruchtgelees: Sauerkirschsaft, Himbeersaft und Saft aus schwarzen Johannisbeeren (400 ml Himbeersaft, 300 ml Sauerkirschsaft und 200 ml schwarzen Johannisbeersaft.
Roter Johannisbeersaft, Himbeersaft und Stachelbeersaft (400 ml roter Johannisbeersaft, 300 ml Himbeersaft und 200 ml Stachelbeersaft.
Sie können die Säfte im Dampfentsafter gewinnen oder ungesüßten Direktsaft verwenden.

DREIFRUCHT-SCHICHTKONFITÜRE

● Zubereitungszeit: 60 Minuten, ohne Durchziehzeit
Haltbarkeit: kühl und dunkel gestellt 3–4 Monate
▲ Mit Alkohol

ZUTATEN FÜR 5 GLÄSER JE ETWA 200 ML

250 g Äpfel (vorbereitet gewogen)
250 g Birnen (vorbereitet gewogen)
500 g Pflaumen (Zwetschen, vorbereitet gewogen)

FÜR DIE APFEL-BIRNEN-KONFITÜRE:

30 g Weinbeeren
250 g Extra Gelierzucker 2:1
2 EL Rum

FÜR DIE PFLAUMEN-KONFITÜRE:

1 Sternanis
1 Msp. gem. Nelken
1 Msp. gem. Zimt
250 g Extra Gelierzucker 2:1

INSGESAMT:

E: 6 g, F: 3 g, Kh: 622 g, kcal: 2615

1. Äpfel und Birnen schälen, vierteln und entkernen. Apfel- und Birnenviertel klein schneiden, je 250 g Fruchtfleisch abwiegen.

2. Pflaumen (Zwetschen) waschen, abtrocknen, halbieren, entsteinen, in kleine Stücke schneiden und 500 g Fruchtfleisch abwiegen.

3. Für die Apfel-Birnen-Konfitüre Apfel- und Birnenstücke mit den Weinbeeren in einen kleinen Kochtopf (etwa 2 l Inhalt) geben, mit Extra Gelierzucker (250 g) gut verrühren, etwa 30 Minuten stehen lassen.

4. Für die Pflaumen-Konfitüre Pflaumen (Zwetschen) mit Sternanis, Nelken und Zimt in einen weiteren Kochtopf (etwa 2 l Inhalt) geben, ebenfalls mit Extra Gelierzucker (250 g) gut verrühren und 30 Minuten stehen lassen.

5. Zunächst die Apfel-Birnen-Fruchtmasse bei starker Hitze zum Kochen bringen und mindestens 3 Minuten unter ständigem Rühren sprudelnd kochen lassen, Topf von der Kochstelle nehmen. Rum unterrühren.

6. Das Kochgut eventuell abschäumen. Etwa die Hälfte von der Apfel-Birnen-Konfitüre mit einem Esslöffel oder einer kleinen Kelle vorsichtig in den vorbereiteten Gläsern verteilen, etwas fest werden lassen.

7. Die Pflaumen-Fruchtmasse auf die gleiche Weise (wie unter Punkt 4 beschrieben) zubereiten, nur ohne Rum. Den Topf von der Kochstelle nehmen und Sternanis entfernen.

8. Das Kochgut eventuell abschäumen. Etwa die Hälfte von der Pflaumen-Konfitüre mit einem Esslöffel oder einer kleinen Kelle auf die Apfel-Birnen-Konfitüre geben und wieder etwas fest werden lassen (etwa 10 Minuten).

9. Restliche Apfel-Birnen-Konfitüre daraufgeben und mit der restlichen Pflaumen-Konfitüre die Gläser randvoll füllen.

10. Gläser mit Twist-off-Deckeln® verschließen, umdrehen und etwa 5 Minuten auf den Deckeln stehen lassen.

ERDBEER-CHILI-KONFITÜRE

◔ Zubereitungszeit: 30 Minuten
Haltbarkeit: kühl und dunkel gestellt 3–4 Monate
▲ Mit Alkohol

ZUTATEN FÜR 5 GLÄSER JE ETWA 200 ML

900 g Erdbeeren (vorbereitet gewogen)
2–3 rote Chilischoten
100 ml Cassislikör (Schwarzer Johannisbeerlikör)
500 g Extra Gelierzucker 2:1

INSGESAMT:

E: 8 g, F: 4 g, Kh: 573 g, kcal: 2524

1. Erdbeeren putzen, abspülen, gut abtropfen lassen, entstielen, klein schneiden und 900 g abwiegen.

2. Chilischoten abspülen, trocken tupfen, halbieren, entstielen, entkernen und die weißen Scheidewände entfernen. Die Schotenhälften in sehr kleine Würfel schneiden.

3. Erdbeerstückchen, Chiliwürfel und Likör in einem großen Kochtopf mit Extra Gelierzucker sorgfältig verrühren.

4. Die Zutaten unter Rühren bei starker Hitze zum Kochen bringen und unter ständigem Rühren mindestens 3 Minuten sprudelnd kochen lassen. Den Topf von der Kochstelle nehmen.

5. Das Kochgut evtl. abschäumen und sofort randvoll in vorbereitete Gläser füllen. Die Gläser mit Twist-off-Deckeln® verschließen, umdrehen und etwa 5 Minuten auf den Deckeln stehen lassen.

ERDBEERKONFITÜRE

Zubereitungszeit: 35 Minuten
Haltbarkeit: kühl und dunkel gestellt
3–4 Monate

ZUTATEN FÜR 5 GLÄSER JE ETWA 200 ML

1 kg Erdbeeren (vorbereitet gewogen)
2 EL Zitronen- oder Limettensaft
500 g Extra Gelierzucker 2:1

INSGESAMT:

E: 8 g, F: 4 g, Kh: 548 g, kcal: 2306

1. Erdbeeren putzen, abspülen, gut abtropfen lassen, entstielen, in sehr kleine Stücke schneiden und 1 kg abwiegen.

2. Die Erdbeerstücke mit Zitronen- oder Limettensaft und Extra Gelierzucker in einem großen Kochtopf gut verrühren.

3. Die Zutaten unter Rühren bei starker Hitze zum Kochen bringen und unter ständigem Rühren mindestens 3 Minuten sprudelnd kochen lassen. Den Topf von der Kochstelle nehmen.

4. Das Kochgut evtl. abschäumen und sofort randvoll in vorbereitete Gläser füllen. Die Gläser mit Twist-off-Deckeln® verschließen, umdrehen und etwa 5 Minuten auf den Deckeln stehen lassen.

TIPP:

Zusätzlich abgeriebene Schale von 1 Bio-Zitrone (unbehandelt, ungewachst) mit den Erdbeerstücken mischen und mitkochen lassen.

ERDBEERKONFITÜRE, DUNKELROTE

Zubereitungszeit: 25 Minuten
Haltbarkeit: kühl und dunkel gestellt etwa 1 Jahr

ZUTATEN FÜR 5 GLÄSER JE ETWA 200 ML

900 g Erdbeeren (vorbereitet gewogen)
100 ml schwarzer Johannisbeernektar (Handelsware)
1 Pck. Orangenschalen-Aroma
500 g Zucker
1 Beutel Gelfix Extra 2:1 (25 g)

INSGESAMT:

E: 8 g, F: 4 g, Kh: 581 g, kcal: 2431

1. Die Erdbeeren putzen, abspülen, abtropfen lassen, entstielen, klein schneiden und 900 g abwiegen.

2. Erdbeerstücke, Johannisbeernektar und Orangenschalen-Aroma in einen großen Kochtopf geben. Zucker mit Gelfix Extra mischen und mit der Fruchtmasse gut verrühren.

3. Die Zutaten unter Rühren bei starker Hitze zum Kochen bringen und unter ständigem Rühren mindestens 3 Minuten sprudelnd kochen. Den Topf von der Kochstelle nehmen.

4. Das Kochgut evtl. abschäumen und sofort randvoll in vorbereitete Gläser füllen. Die Gläser mit Twist-off-Deckeln® verschließen, umdrehen, etwa 5 Minuten auf den Deckeln stehen lassen.

ERDBEER-MARACUJA-KONFITÜRE

Zubereitungszeit: 30 Minuten
Haltbarkeit: kühl und dunkel gestellt 3–4 Monate

ZUTATEN FÜR 7 GLÄSER JE ETWA 200 ML

700 g Erdbeeren (vorbereitet gewogen)
500 ml Maracujanektar (25 % Fruchtanteil)
50 ml Zitronensaft
500 g Super Gelierzucker 3:1

INSGESAMT:

E: 7 g, F: 3 g, Kh: 592 g, kcal: 2487

1. Die Erdbeeren putzen, abspülen, abtropfen lassen, entstielen und 700 g abwiegen. Erdbeeren in kleine Würfel schneiden.

2. Erdbeerwürfel, Maracujanektar, Zitronensaft und Gelierzucker in einem großen Kochtopf gut verrühren. Die Zutaten unter Rühren bei starker Hitze zum Kochen bringen und unter ständigem Rühren mindestens 3 Minuten sprudelnd kochen lassen. Anschließend den Topf von der Kochstelle nehmen.

3. Das Kochgut evtl. abschäumen und sofort randvoll in vorbereitete Gläser füllen. Die Gläser mit Twist-off-Deckeln® verschließen, umdrehen und etwa 5 Minuten auf den Deckeln stehen lassen.

ERDBEER-PFIRSICH-SCHICHTKONFITÜRE

Zubereitungszeit: 45 Minuten, ohne Abkühlzeit
Haltbarkeit: kühl und dunkel gestellt
3–4 Monate

ZUTATEN FÜR 5 GLÄSER JE ETWA 200 ML

50 g gehobelte Mandeln

FÜR DIE PFIRSICHKONFITÜRE:

500 g Pfirsiche (vorbereitet gewogen)
250 g Extra Gelierzucker 2:1

FÜR DIE ERDBEERKONFITÜRE:

470 g Erdbeeren (vorbereitet gewogen)
3 EL Zitronensaft
250 g Extra Gelierzucker 2:1

INSGESAMT:

E: 20 g, F: 29 g, Kh: 567 g, kcal: 2639

1. Die Mandeln in einer Pfanne ohne Fett unter Rühren goldbraun rösten, herausnehmen und auf einem Teller erkalten lassen.

2. Für die Pfirsichkonfitüre die Pfirsiche zunächst abspülen, abtropfen lassen und an der Unterseite kreuzweise einschneiden.

3. Die Pfirsiche kurz in kochendes Wasser legen, herausnehmen, mit kaltem Wasser abschrecken und die Haut abziehen. Pfirsiche halbieren und entsteinen.

4. Das Fruchtfleisch in etwa 1 cm große Würfel schneiden und 500 g abwiegen.

5. Die Pfirsichwürfel mit Extra Gelierzucker in einem kleinen Kochtopf (etwa 2 l Inhalt) gut verrühren.

6. Für die Erdbeerkonfitüre die Erdbeeren putzen, abspülen, gut abtropfen lassen und entstielen. 470 g Erdbeeren abwiegen, in kleine Stücke schneiden und in einen zweiten kleinen Kochtopf (etwa 2 l Inhalt) geben. Mit Zitronensaft und Extra Gelierzucker gut verrühren.

7. Die Zutaten unter Rühren bei starker Hitze zum Kochen bringen und unter ständigem Rühren mindestens 3 Minuten sprudelnd kochen lassen. Den Topf von der Kochstelle nehmen. Das Kochgut evtl. abschäumen.

8. Die Erdbeerkonfitüre jeweils etwa halbhoch in vorbereitete Gläser füllen. Zwei Drittel der Mandeln daraufstreuen.

9. Die Pfirsichmasse unter Rühren bei starker Hitze zum Kochen bringen und unter ständigem Rühren mindestens 3 Minuten sprudelnd kochen lassen. Anschließend den Topf von der Kochstelle nehmen.

10. Das Kochgut evtl. abschäumen. Restliche Mandeln unterheben und sofort in die bereits halbvoll gefüllten Gläser füllen.

11. Gläser mit Twist-off-Deckeln® verschließen. Gläser nach etwa 15 Minuten umdrehen und etwa 5 Minuten auf den Deckeln stehen lassen.

TIPP:

Achten Sie bei den Schichtkonfitüren unbedingt darauf, dass Sie Früchte mit kräftig farbigem Fruchtfleisch (d. h. gelbfleischige Pfirsiche und eine intensiv rote Erdbeersorte) kaufen, nur so kommt der Farbkontrast gut zur Geltung.

ERDBEER-RHABARBER-KONFITÜRE (REZEPT OHNE FOTO)

● Zubereitungszeit: 30 Minuten
Haltbarkeit: kühl und dunkel gestellt etwa 1 Jahr

ZUTATEN FÜR 5 GLÄSER JE ETWA 200 ML

500 g Erdbeeren (von etwa 600 g Erdbeeren, vorbereitet gewogen)
500 g junger Rhabarber (von etwa 750 g Rhabarber, vorbereitet gewogen)
1 Bio-Zitrone (unbehandelt, ungewachst)
500 g Extra Gelierzucker 2:1

INSGESAMT:

E: 8 g, F: 3 g, Kh: 532 g, kcal: 2239

1. Die Erdbeeren putzen, abspülen, abtropfen lassen, entstielen, in kleine Stücke schneiden und 500 g abwiegen. Rhabarber putzen, Stielenden und Blattansätze entfernen. Rhabarber abspülen, trocken tupfen (evtl. abziehen), in sehr kleine Stücke schneiden und 500 g abwiegen. Zitrone heiß abwaschen, abtrocknen und die Schale abreiben. Zitrone halbieren und den Saft auspressen.

2. Erdbeer-, Rhabarberstücke, Zitronenschale und -saft mit dem Extra Gelierzucker in einem großen Kochtopf gut verrühren. Die Zutaten unter Rühren bei starker Hitze zum Kochen bringen und unter ständigem Rühren mindestens 3 Minuten sprudelnd kochen lassen. Den Topf von der Kochstelle nehmen.

3. Das Kochgut evtl. abschäumen und sofort randvoll in vorbereitete Gläser füllen.

4. Die Gläser mit Twist-off-Deckeln® verschließen, umdrehen und etwa 5 Minuten auf den Deckeln stehen lassen.

ERDBEER-ROTE-BETE-KONFITÜRE

● Zubereitungszeit: 30 Minuten
Haltbarkeit: kühl und dunkel gestellt 3–4 Monate

ZUTATEN FÜR 5 GLÄSER JE ETWA 200 ML

700 g Erdbeeren (vorbereitet gewogen)
250 g Rote Bete (vakuumverpackt, gekocht, geschält)
50 ml Zitronensaft
500 g Extra Gelierzucker 2:1

INSGESAMT:

E: 10 g, F: 3 g, Kh: 553 g, kcal: 2317

1. Die Erdbeeren putzen, abspülen, abtropfen lassen, entstielen, in kleine Stücke schneiden und 700 g abwiegen. Rote Bete in Stücke schneiden und mit dem Zitronensaft pürieren.

2. Die Erdbeerstücke und das Rote-Bete-Püree in einen großen Kochtopf geben und mit Extra Gelierzucker gut verrühren.

3. Die Zutaten unter Rühren bei starker Hitze zum Kochen bringen und unter ständigem Rühren mindestens 3 Minuten sprudelnd kochen lassen. Den Topf von der Kochstelle nehmen.

4. Das Kochgut evtl. abschäumen und sofort randvoll in vorbereitete Gläser füllen. Die Gläser mit Twist-off-Deckeln® verschließen, umdrehen und etwa 5 Minuten auf den Deckeln stehen lassen.

TIPP:

Zusätzlich abgeriebene Schale von 1 Bio-Zitrone (unbehandelt, ungewachst) unter die Früchte rühren.

ERDBEER-WODKA-LIKÖR

- Zubereitungszeit: 15 Minuten, ohne Saftziehzeit
  Durchziehzeit: etwa 4 Wochen
  Haltbarkeit: gekühlt 6–12 Monate
- ▲ Mit Alkohol

ZUTATEN FÜR 2 GLÄSER JE 750–1000 ML

1 kg Erdbeeren
3 TL Zucker
1 Bio-Orange (unbehandelt, ungewachst)
50 g abgezogene, ganze Mandeln
320 g brauner Kandis
1 l Wodka (40 Vol.-%)

INSGESAMT:

E: 20 g, F: 30 g, Kh: 382 g, kcal: 4275

1. Erdbeeren waschen, gut abtropfen lassen und entstielen. Große Erdbeeren halbieren. Erdbeeren und Zucker in einer Schüssel vermengen und Saft ziehen lassen.

2. Inzwischen die Orange gründlich heiß abwaschen und abtrocknen. Orange mit einem Sparschäler dünn abschälen. Dabei darauf achten, dass nur die Orangenschale und nicht das Weiße abgeschält wird.

3. Erdbeeren mit Saft, Orangenschale, Mandeln und Kandiszucker in ein großes, gründlich gereinigtes, gespültes Glas füllen. Mit Wodka auffüllen und das Glas gut verschließen.

4. Einmal kurz schütteln, damit sich die Zutaten vermischen, dann an einem kühlen, dunklen Ort (am besten im Keller) etwa 4 Wochen durchziehen lassen.

TIPP:

Anstelle von Wodka und Kandiszucker können Sie auch weißen Rum und Rohrzucker verwenden. Dadurch erhält der Likör eine karibische Note.

ESSIGFRÜCHTE, EXOTISCH

(REZEPT OHNE FOTO)

- Zubereitungszeit: 65 Minuten, ohne Abkühl- und Durchziehzeit
  Haltbarkeit: kühl und dunkel gestellt etwa 6 Monate
- ▲ Mit Alkohol

ZUTATEN FÜR 3 GLÄSER JE ETWA 1 L

2 Mangos (600–800 g)
2 Papayas (600–800 g)
1 Ananas (600–800 g)

FÜR DIE ESSIG-ZUCKER-LÖSUNG:

375 ml Weißweinessig
250 ml herber Weißwein
5–6 TL Flüssigsüße
1 Zimtstange
Scheiben von 1 Bio-Limette (unbehandelt, ungewachst)

100 g Rosinen
1 Pck. Einmach-Hilfe

INSGESAMT:

E: 12 g, F: 4 g, Kh: 235 g, kcal: 1297

1. Mangos und Papayas halbieren, jeweils den Stein herauslösen. Mango- und Papayahälften schälen und in Stücke schneiden. Ananas schälen, halbieren und den mittleren Strunk herausschneiden. Ananashälften ebenfalls in Stücke schneiden.

2. Für die Essig-Zucker-Lösung den Essig mit Wein, Flüssigsüße, Zimtstange und Limettenscheiben in einem Topf zum Kochen bringen.

3. Die Mango-, Papaya-, Ananasstücke und Rosinen hinzugeben, wieder zum Kochen bringen. Die Früchte etwa 5 Minuten ziehen lassen. Dann den Topf von der Kochstelle nehmen. Die Früchte in dem Sud erkalten und zugedeckt (am besten über Nacht) stehen lassen.

4. Die Früchte mit einem Schaumlöffel aus dem Topf nehmen, gut abtropfen lassen und in vorbereitete Gläser füllen.

5. Den Sud nochmals zum Kochen bringen. Den Topf von der Kochstelle nehmen und Einmach-Hilfe unterrühren. Den Sud sofort über die Früchte gießen.

6. Die Gläser sofort mit Twist-off-Deckeln® verschließen.

ESSIGGURKEN

Zubereitungszeit: 90 Minuten, ohne Einleg- und Abkühlzeit
Einkochzeit: etwa 30 Minuten
Durchziehzeit: einige Wochen
Haltbarkeit: kühl und dunkel gestellt etwa 1 Jahr

ZUTATEN FÜR 1 GROSSEN STEINTOPF ETWA 4 L ODER 4 EINKOCHGLÄSER JE ETWA 1 L

2 ½ kg kleine feste Gurken
Salzwasser (auf 1 l Wasser 75 g Salz)
450 g Perlzwiebeln
Dilldolden oder Dillzweige
5 TL Gurkengewürz

FÜR DIE ESSIG-ZUCKER-LÖSUNG:

200 g Kandis
1 l Wasser
500 ml Weißweinessig

INSGESAMT:

E: 23 g, F: 8 g, Kh: 308 g, kcal: 1495

1. Am Vortag die Gurken gründlich waschen, bürsten, abtropfen lassen, mit Salzwasser übergießen und 12–24 Stunden an einem kühlen Ort stehen lassen.

2. Am nächsten Tag Zwiebeln abziehen. Dill abspülen und trocken tupfen. Gurken aus dem Salzwasser nehmen, sorgfältig bürsten, abspülen, abtrocknen und anschließend schlechte Stellen entfernen.

3. Gurken, Zwiebeln, Gewürz und Dill in einen gründlich gereinigten, mit klarem Wasser nachgespülten Steintopf oder in vorbereitete Einkochgläser schichten.

4. Für die Essig-Zucker-Lösung Kandiszucker mit Wasser in einem Topf zum Kochen bringen, kurz aufkochen lassen und abschäumen.

5. Weinessig unterrühren und abkühlen lassen. Die Lösung über die Gurken gießen. Gurken so fest wie möglich in den Steintopf drücken, mit einem Leinentuch zudecken, mit Brett und Stein beschweren. Die Gurken an einen kühlen Ort (Keller) 4–6 Wochen zugedeckt aufbewahren.

6. Oder jeweils Gummiring und Deckel nass auf den gesäuberten Glasrand legen, mit Klammern verschließen. Gläser auf einen Auflagenrost in den Einkochtopf stellen, so viel kaltes Wasser hinzugießen, dass die Gläser zu ¾ im Wasser stehen.

7. Den Topf verschließen. Die Gurken etwa 30 Minuten bei etwa 85 °C einkochen.

TIPPS:

Die Gurken müssen vor dem Verzehr einige Wochen durchziehen, sonst kommt der typisch süßsaure Geschmack nicht heraus.
Kleine Einlegegurken haben Hauptsaison im Spätsommer (Mitte August bis Mitte September). Im Gemüsefach des Kühlschrankes halten sie nur etwa 1–2 Tage, deshalb möglichst gleich weiterverarbeiten.
Wichtig: Gurken nie zusammen mit Tomaten oder Obst lagern. Durch deren Äthylenausscheidung reifen sie nach und werden gelb.
Große Mengen an Perlzwiebeln kann man am besten schälen, wenn man sie zuvor etwa 10 Sekunden in kochendem Wasser blanchiert. Danach Perlzwiebeln in einem Sieb abgießen und mit kaltem Wasser übergießen. Die Haut lässt sich dann ganz einfach mit den Fingern abstreifen.

ESSIGKNOBLAUCH, EINGELEGT

Zubereitungszeit: 45 Minuten
Einkochzeit: etwa 30 Minuten
Durchziehzeit: 2–3 Wochen
Haltbarkeit: kühl und dunkel gestellt mindestens 6–9 Monate
▲ Mit Alkohol

ZUTATEN FÜR 4 GLÄSER JE ETWA 500 ML

8–10 Knoblauchknollen (400–500 g)
8–10 kleine Zwiebeln (300–350 g)
8 frische grüne und rote Chilischoten
500 ml Apfelessig
500 ml Gemüsebrühe
125 g brauner Zucker
1 gestr. EL Salz
4 kleine Stängel Rosmarin
4 Zimtstangen
4 Lorbeerblätter
8 Gewürznelken

INSGESAMT:

E: 34 g, F: 2 g, Kh: 265 g, kcal: 1316

1. Knoblauchknollen in einzelne Zehen teilen. Knoblauchzehen und Zwiebeln abziehen. Die Zwiebeln senkrecht vierteln. Chilischoten abspülen und abtrocknen.

2. Knoblauchzehen, Zwiebelstücke, Essig, Brühe, Zucker und Salz in einem Topf zum Kochen bringen. Knoblauch und Zwiebeln darin bei schwacher Hitze etwa 10 Minuten kochen lassen.

3. In der Zwischenzeit eine Fettpfanne zur Hälfte mit Wasser füllen und in den Backofen schieben.

4. Den Backofen vorheizen.
Ober-/Unterhitze: etwa 120 °C
Heißluft: etwa 100 °C

5. Rosmarin abspülen und trocken tupfen. Chilischoten, Zimtstangen, Lorbeerblätter, Nelken und Rosmarinstängel gleichmäßig in 4 vorbereitete Gläser verteilen. Die noch heißen Knoblauchzehen und Zwiebelstücke mit der Flüssigkeit in die Gläser füllen, sodass die Zutaten ganz bedeckt sind. Die Gläser sofort mit Twist-off-Deckeln® verschließen.

6. Die Gläser in die vorbereitete Fettpfanne stellen. Den Essigknoblauch etwa 30 Minuten einkochen (sterilisieren).

7. Den Essigknoblauch vor dem Servieren 2–3 Wochen ziehen lassen. Essigknoblauch kühl und dunkel stellen.

ESSIGPFLAUMEN

- Zubereitungszeit: 55 Minuten, ohne Abkühlzeit
  Haltbarkeit: kühl und dunkel gestellt etwa 6 Monate

ZUTATEN FÜR 3 GLÄSER JE ETWA 1 L

3 kg Pflaumen

FÜR DIE ESSIG-ZUCKER-LÖSUNG:

500 ml Weißweinessig (5 % Säure)
250 ml Wasser
1 kg Zucker
1 Stück Zimtstange
4–5 Gewürznelken
Schale von ½ Bio-Zitrone
(unbehandelt, ungewachst)
1 Pck. Einmach-Hilfe

INSGESAMT:

E: 19 g, F: 6 g, Kh: 1282 g, kcal: 5434

1. Pflaumen waschen, abtropfen lassen, trocken reiben, mit einem Holzstäbchen einige Male einstechen.

2. Für die Essig-Zucker-Lösung Essig mit Wasser, Zucker, Zimtstange, Nelken und Zitronenschale zum Kochen bringen. Pflaumen darin portionsweise etwa 5 Minuten gar kochen lassen.

3. Pflaumen mit einem Schaumlöffel herausnehmen, in einem Sieb gut abtropfen lassen und in vorbereitete Gläser geben.

4. Den Pflaumensaft dick einkochen lassen. Den Topf von der Kochstelle nehmen, Einmach-Hilfe unterrühren. Den Saft über die Pflaumen gießen und erkalten lassen. Die Gläser mit Twist-off-Deckeln® verschließen.

FEIGEN-FRUCHTAUFSTRICH

Zubereitungszeit: 40 Minuten
Haltbarkeit: kühl und dunkel gestellt etwa 1 Jahr
▲ Mit Alkohol

ZUTATEN FÜR 4 GLÄSER JE ETWA 200 ML

300 g frische, reife, blaue Feigen (etwa 5 Stück, vorbereitet gewogen)
1 Zitrone
etwa 450 ml Apfelsaft (Handelsware)
200 ml Portwein
350 g brauner Zucker, Fruchtzucker oder Sorbit* (oder 25 ml Flüssigsüße)
1 Beutel Gelfix Super 3:1 (25 g)

INSGESAMT:

E: 6 g, F: 3 g, Kh: 469 g, kcal: 2188

1. Die Feigen waschen, abtropfen lassen, entstielen, schälen, in kleine Stücke schneiden und 300 g abwiegen. Zitrone halbieren und den Saft auspressen. Zitronensaft mit Apfelsaft auf 500 ml auffüllen.

2. Feigenstücke, Portwein und die Zitronen-Apfelsaft-Mischung in einen großen Kochtopf geben. Süßungsmittel mit Gelfix Super mischen, dann mit der Fruchtmasse verrühren (oder Früchte, Portwein, Zitronensaft und Apfelsaft in einen großen Kochtopf geben, mit Flüssigsüße und Gelfix Super gut verrühren.)

3. Alles unter Rühren bei starker Hitze zum Kochen bringen und unter ständigem Rühren mindestens 3 Minuten sprudelnd kochen lassen. Topf von der Kochstelle nehmen.

4. Kochgut eventuell abschäumen und sofort randvoll in vorbereitete Gläser füllen. Die Gläser mit Twist-off-Deckeln® verschließen, umdrehen und etwa 5 Minuten auf den Deckeln stehen lassen.

TIPPS:

Statt frischer Feigen können Sie auch 120 g getrocknete Feigen und zusätzlich 200 ml Apfelsaft mehr verwenden.
Statt Portwein können Sie auch Sherry oder mehr Apfelsaft nehmen.

* Diabetiker sollen Zuckeraustauschstoffe verwenden.

FEIGENKONFITÜRE MIT RHABARBERSAFT UND KAKIFRUCHT

Zubereitungszeit: 35 Minuten
Haltbarkeit: kühl und dunkel gestellt 3–4 Monate

ZUTATEN FÜR 5 GLÄSER JE ETWA 200 ML

450 g frische, reife, blaue Feigen (vorbereitet gewogen, 7–8 große Feigen je etwa 100 g)
250 g Kakifrucht (Sharonfrucht, etwa 2 Stück, vorbereitet gewogen)
300 ml Rhabarber-Direktsaft (Rhabarbertrunk 60 %)
500 g Extra Gelierzucker 2:1
1 Pck. Zitronensäure (5 g)

INSGESAMT:

E: 9 g, F: 3 g, Kh: 598 g, kcal: 2510

1. Feigen abspülen, gut abtropfen lassen, entstielen, schälen, in kleine Stücke schneiden und 450 g abwiegen. Kakifrüchte abspülen, abtrocknen, schälen, in kleine Stücke schneiden und 250 g abwiegen. Feigen- und Kakifruchtstücke mit dem Rhabarber-Direktsaft in einen großen Kochtopf geben, mit Extra Gelierzucker und Zitronensäure gut verrühren.

2. Die Zutaten unter Rühren bei starker Hitze zum Kochen bringen und unter ständigem Rühren mindestens 3 Minuten sprudelnd kochen lassen. Den Topf von der Kochstelle nehmen.

3. Das Kochgut evtl. abschäumen und sofort randvoll in vorbereitete Gläser füllen. Die Gläser mit Twist-off-Deckeln® verschließen, umdrehen und etwa 5 Minuten auf den Deckeln stehen lassen.

TIPP:

Statt Kakifrüchte 250 g vorbereitete gelbe Pfirsiche verwenden.

FEIGEN-KUMQUAT-KONFITÜRE MIT INGWER

(REZEPT OHNE FOTO)

Zubereitungszeit: 40 Minuten
Haltbarkeit: kühl und dunkel gestellt 3–4 Monate

ZUTATEN FÜR 5 GLÄSER JE ETWA 200 ML

700 g frische, reife, blaue Feigen (vorbereitet gewogen, etwa 12 reife Feigen je 80 g)
250 g Kumquats (vorbereitet gewogen)
30 g Ingwer
5 EL Apfel- oder Orangensaft (Handelsware)
500 g Zucker
1 Beutel Gelfix Extra 2:1 (25 g)

INSGESAMT:

E: 11 g, F: 5 g, Kh: 644 g, kcal: 2712

1. Feigen abspülen, abtropfen lassen, entstielen und schälen. 700 g Fruchtfleisch abwiegen und in kleine Stücke schneiden. Kumquats heiß abspülen, trocken tupfen und die Stängelansätze entfernen. Kumquats halbieren, entkernen, 250 g Früchte abwiegen und sehr klein schneiden. Den Ingwer schälen und sehr fein hacken.

2. Feigen-, Kumquat- und Ingwerstücke in einen großen Kochtopf geben. Mit Saft mischen.

3. Zucker mit Gelfix Extra mischen, dann mit der Fruchtmasse verrühren. Die Zutaten unter Rühren bei starker Hitze zum Kochen bringen und unter ständigem Rühren mindestens 3 Minuten sprudelnd kochen. Topf von der Kochstelle nehmen.

4. Kochgut eventuell abschäumen und sofort randvoll in vorbereitete Gläser füllen. Gläser mit Twist-off-Deckeln® verschließen, umdrehen und etwa 5 Minuten auf den Deckeln stehen lassen.

FEIGEN-WEINTRAUBEN-KONFITÜRE MIT ROTWEIN

Zubereitungszeit: 40 Minuten
Haltbarkeit: kühl und dunkel gestellt 3–4 Monate
▲ Mit Alkohol

ZUTATEN FÜR 7 GLÄSER JE ETWA 200 ML

1 kg frische, reife, blaue Feigen (vorbereitet gewogen, etwa 12 Stück je etwa 100 g)
300 g kernlose, blaue Weintrauben (vorbereitet gewogen)
100 ml Rotwein
100 ml Cassislikör (Schwarzer Johannisbeerlikör)
500 g Super Gelierzucker 3:1

INSGESAMT:

E: 15 g, F: 6 g, Kh: 696 g, kcal: 3125

1. Die Feigen abspülen, abtropfen lassen, entstielen, schälen, in kleine Stücke schneiden und 1 kg abwiegen. Die Weintrauben abspülen, gut abtropfen lassen, entstielen, halbieren, in Stücke schneiden und 300 g abwiegen.

2. Vorbereitete Fruchtstücke mit Wein und Likör in einen großen Kochtopf geben, mit Super Gelierzucker verrühren. Die Zutaten unter Rühren bei starker Hitze zum Kochen bringen und unter ständigem Rühren mindestens 3 Minuten sprudelnd kochen lassen. Den Topf von der Kochstelle nehmen.

3. Das Kochgut evtl. abschäumen und sofort randvoll in vorbereitete Gläser füllen.

4. Die Gläser mit Twist-off-Deckeln® verschließen, umdrehen und etwa 5 Minuten auf den Deckeln stehen lassen.

FENCHEL-ORANGEN-KONFITÜRE MIT ROSA PFEFFERBEEREN

Zubereitungszeit: 30 Minuten
Haltbarkeit: kühl und dunkel gestellt 2–3 Monate

ZUTATEN FÜR 4 GLÄSER JE ETWA 200 ML

2–3 Fenchelknollen (etwa 500 g)
100 ml frisch gepresster Orangensaft
1 geh. TL rosa Pfefferbeeren
250 g Extra Gelierzucker 2:1

INSGESAMT:

E: 7 g, F: 1 g, Kh: 268 g, kcal: 1137

1. Von den Fenchelknollen die Stiele dicht oberhalb der Knollen abschneiden. Das Fenchelgrün abspülen, trocken tupfen, fein schneiden und ½ Teelöffel davon beiseitelegen. Fenchelknollen putzen, abspülen, abtropfen lassen und 400 g davon abwiegen. Fenchel in sehr kleine Würfel schneiden.

2. Die Fenchelwürfel mit Orangensaft, beiseitegelegtem Fenchelgrün, rosa Pfefferbeeren und Gelierzucker in einem Kochtopf gut verrühren.

3. Die Zutaten unter Rühren bei starker Hitze zum Kochen bringen und unter ständigem Rühren mindestens 3 Minuten sprudelnd kochen lassen. Den Kochtopf von der Kochstelle nehmen.

4. Das Kochgut evtl. abschäumen und sofort randvoll in vorbereitete Gläser füllen. Gläser mit Twist-off-Deckeln® verschließen, umdrehen und etwa 5 Minuten auf den Deckeln stehen lassen.

TIPPS:

Die Konfitüre zu gebeiztem oder geräuchertem Lachs servieren.
Sie schmeckt auch ausgezeichnet zu kräftigen Käsesorten oder als pikante Beilage zu gegrilltem Hähnchen, Lamm oder Steaks.
Statt rosa Pfefferbeeren zerdrückten Koriander verwenden.

FRUCHT-PICKLES, EXOTISCH

Zubereitungszeit: 35 Minuten
Einkochzeit: etwa 30 Minuten
Durchziehzeit: etwa 1 Woche
Haltbarkeit: kühl, dunkel und trocken gestellt etwa 5 Monate
▲ Mit Alkohol

ZUTATEN FÜR 3 GLÄSER JE ETWA 150 ML

500 g Ananas-Fruchtfleisch (von 1 großen Ananas)
½ Bio-Zitrone (unbehandelt, ungewachst)
½ Bio-Limette (unbehandelt, ungewachst)
je ½ Cantaloup- oder Netz- und Honigmelone (600 g)

FÜR DIE WEISSWEINLÖSUNG:

500 ml Weißwein
50 g Zucker
1 Zimtstange
¼ TL gem. Ingwer

INSGESAMT:

E: 4 g, F: 2 g, Kh: 142 g, kcal: 1033

1. Das Ananas-Fruchtfleisch in dünne, kleine Stückchen schneiden. Zitrone und Limette heiß abwaschen, abtrocknen und in dünne Scheiben schneiden.

2. Melonenhälften entkernen. Aus dem Fruchtfleisch mit einem Kugelausstecher kleine Kugeln ausstechen oder das Fruchtfleisch in kleine Würfel schneiden.

3. Die Früchte in Einkochgläsern verteilen.

4. Für die Weißweinlösung Wein mit Zucker, Zimtstange und Ingwer in einem Topf zum Kochen bringen, etwa 5 Minuten kochen lassen.

5. Den heißen Sud über die Früchte gießen.

6. Jeweils Gummiring und Deckel nass auf den gesäuberten Glasrand legen, mit Bügel oder Feder verschließen. Gläser auf einem Einsatz in den Einkochtopf stellen, so viel kaltes Wasser hinzugießen, dass die Gläser zu ¾ von Wasser umgeben sind.

7. Den Topf verschließen. Die Frucht-Pickles etwa 30 Minuten bei etwa 75 °C einkochen. Die Gläser herausnehmen, erkalten lassen und kühl aufbewahren.

8. Frucht-Pickles gekühlt vor dem Verzehr etwa 1 Woche durchziehen lassen.

TIPP:

Frucht-Pickles zu Käseplatten oder Fondue reichen.

GEMÜSE NACH SZECHUAN ART, EINGELEGT

(REZEPT OHNE FOTO)

Zubereitungszeit: 60 Minuten
Durchziehzeit: etwa 2 Tage
Haltbarkeit: kühl und dunkel gestellt
4–6 Monate

ZUTATEN FÜR 3 GLÄSER JE ETWA 1 L

2 kg Gemüse, z. B. kleine Zwiebeln, Chinakohl, Gurken, Möhren, rote Paprikaschoten, Staudensellerie
1 l Wasser
3 EL Salz
80 g brauner Zucker (Rohrzucker)
500 ml Reisessig
7 getrocknete Chilischoten
3 EL Szechuan Pfefferkörner
3 Sternanis
50 g geschälter gehackter Ingwer

INSGESAMT:

E: 8 g, F: 12 g, Kh: 32 g, kcal: 293

1. Zwiebeln abziehen und in kleine Würfel schneiden. Chinakohl putzen, Kohl vierteln und den Strunk herausschneiden. Chinakohl waschen, gut abtropfen lassen und in grobe Stücke schneiden. Gurken waschen, trocken tupfen, eventuell schälen und dann in dickere Scheiben schneiden.

2. Möhren putzen, schälen, abspülen, gut abtropfen lassen und der Länge nach in dünne Scheiben hobeln. Paprikaschoten halbieren, entstielen, entkernen und die weißen Scheidewände entfernen. Schotenhälften waschen, trocken tupfen und in Streifen schneiden. Sellerie putzen und die harten Außenfäden abziehen. Sellerie waschen, gut abtropfen lassen und in grobe Stücke schneiden.

3. Das vorbereitete Gemüse abwechselnd in vorbereitete Gläser schichten und fest andrücken.

4. Wasser, Salz, Rohrzucker, Reisessig, Chilischoten, Pfefferkörner, Sternanis und Ingwer in einem Topf unter Rühren gut aufkochen lassen.

5. Die heiße Marinade über das Gemüse gießen. Die Gläser sofort mit Twist-off-Deckeln® verschließen.

6. Das eingelegte Gemüse kann schon nach etwa 2 Tagen gegessen werden.

TIPP:

Das eingelegte Gemüse als Vorspeise oder Beilage zu einem chinesischen Essen reichen.

GEMÜSERELISH

Zubereitungszeit: 70 Minuten
Haltbarkeit: kühl und dunkel gestellt etwa 6 Monate

ZUTATEN FÜR 6 GLÄSER JE ETWA 200 ML

400 g Gemüsezwiebeln (von etwa 2 Gemüsezwiebeln, vorbereitet gewogen)
je 200 g rote und grüne Paprikaschoten (von etwa 500 g Paprikaschoten, vorbereitet gewogen)
400 g Zucchini (von etwa 500 g Zucchini, vorbereitet gewogen)
2 Knoblauchzehen
6 EL Olivenöl
200 g Fleischtomaten (von etwa 300 g Tomaten, vorbereitet gewogen)
375 ml Weißweinessig
200 ml Tomatensaft
2 EL Tomatenmark
2 gestr. TL Salz
2 gestr. EL Paprikapulver edelsüß
1 gestr. TL Currypulver
gem. Pfeffer
Cayennepfeffer
500 g Extra Gelierzucker 2:1

INSGESAMT:

E: 25 g, F: 65 g, Kh: 560 g, kcal: 3004

1. Gemüsezwiebeln abziehen, in kleine Würfel schneiden und 400 g abwiegen. Paprikaschoten halbieren, entstielen, entkernen und die weißen Scheidewände entfernen. Schoten abspülen, trocken tupfen, in kleine Würfel schneiden und insgesamt 400 g abwiegen.

2. Zucchini abspülen, abtrocknen und die Enden abschneiden. Zucchini längs halbieren, in kleine Würfel schneiden und 400 g abwiegen. Knoblauch abziehen und klein würfeln. Olivenöl in einem

Topf erhitzen. Vorbereitete Gemüsewürfel darin evtl. portionsweise einige Minuten andünsten.

3. Tomaten kreuzweise einschneiden und mit kochendem Wasser übergießen. Nach 1–2 Minuten herausnehmen und mit kaltem Wasser abschrecken. Tomaten häuten, halbieren, entkernen und die Stängelansätze herausschneiden. Tomatenhälften in Würfel schneiden und 200 g abwiegen.

4. Tomatenwürfel mit Essig, Tomatensaft, -mark, Salz, Paprika, Curry, Pfeffer, Cayennepfeffer und Extra Gelierzucker zu den angedünsteten Gemüsewürfeln in den Topf geben, unter Rühren zum Kochen bringen und etwa 15 Minuten kochen lassen, dabei ab und zu umrühren.

5. Nach Belieben die Gemüsemasse nach dem Kochen so lange pürieren, bis die Hälfte musig ist. Dann gut verrühren und nochmals aufkochen lassen.

6. Relish sofort randvoll in vorbereitete Gläser füllen. Gläser mit Twist-off-Deckeln® verschließen, umdrehen und etwa 5 Minuten auf den Deckeln stehen lassen.

GEWÜRZBIRNEN MIT ROTEM PFEFFER (IM FOTO LINKS)

◷ Zubereitungszeit: 35 Minuten, ohne Durchziehzeit
Einkochzeit: etwa 30 Minuten
Haltbarkeit: gekühlt 2–3 Monate
▲ Mit Alkohol

ZUTATEN FÜR 4 GLÄSER JE ETWA 500 ML

1 ¾ kg kleine reife Birnen
400 ml Weißweinessig
½ EL Koriandersamen
½ EL Kreuzkümmel
1 Bio-Orange (unbehandelt, ungewachst)
375 ml Weißwein
2 EL Sherry
100 g flüssiger Honig
125 g Zucker
½ TL Salz
1 EL eingelegte rote Pfefferkörner

INSGESAMT:

E: 11 g, F: 7 g, Kh: 376 g, kcal: 1888

1. Birnen schälen, halbieren, entkernen, in 400 ml Weinessig legen und etwa 7 Stunden durchziehen lassen.

2. Koriander und Kreuzkümmel in einer Pfanne ohne Fett kurz rösten und herausnehmen.

3. Orange heiß abwaschen, abtrocknen und die Schale dünn raspeln oder hauchdünn schälen.

4. Wein, Sherry, Honig, Zucker, Salz, Koriander, Kreuzkümmel, Pfefferkörner und Orangenschale in einem Topf zum Kochen bringen und abschmecken, eventuell nachsalzen.

5. Birnenhälften in vorbereitete Einkochgläser schichten, mit dem heißen Sud übergießen.

6. Jeweils Gummiring und Deckel nass auf den gesäuberten Glasrand legen, mit Bügel oder Feder verschließen. Gläser auf einem Einsatz in den Einkochtopf stellen, so viel kaltes Wasser hinzugießen, dass die Gläser zu ¾ von Wasser umgeben sind.

7. Den Topf verschließen. Die Birnen etwa 30 Minuten bei etwa 90 °C einkochen (besonders harte Birnen etwa 45 Minuten einkochen).

8. Die Gläser mit den Birnen herausnehmen und erkalten lassen.

GEWÜRZGURKEN

(IM FOTO RECHTS)

- Zubereitungszeit: 60 Minuten, ohne Einlegzeit
  Durchziehzeit: mindestens 3 Wochen
  Haltbarkeit: gekühlt etwa 6 Monate

ZUTATEN FÜR 3 GLÄSER JE ETWA 1 L

2 kg nicht zu große Einlegegurken
500 ml Wasser
etwa 40 g Salz
3–4 Zwiebeln oder Perlzwiebeln (etwa 185 g)
40 g frischer Meerrettich
4–5 Zweige Dill
2–3 Zweige Estragon
2 frische rote Pfefferschoten
1 EL Senfkörner
½ EL Pfefferkörner
2–3 Lorbeerblätter

FÜR DIE ESSIG-ZUCKER-LÖSUNG:

500 ml Weißweinessig
750 ml Wasser
150 g Zucker
½ Pck. Einmach-Hilfe

INSGESAMT:

E: 22 g, F: 9 g, Kh: 209 g, kcal: 1110

1. Die Gurken gründlich waschen und in eine Schüssel geben. Wasser mit Salz verrühren, über die Gurken gießen und 12–24 Stunden an einem kühlen Ort stehen lassen.

2. Gurken aus dem Salzwasser nehmen, gut abbürsten und abspülen. Gurken einzeln mit einem Tuch abtrocknen und die schlechten Stellen entfernen.

3. Zwiebeln abziehen und in Scheiben schneiden. Meerrettich schälen und in Stücke schneiden. Dill- und Estragonzweige abspülen, trocken tupfen. Pfefferschoten waschen, abtrocknen und in Scheiben schneiden.

4. Gurken abwechselnd mit den vorbereiteten Zutaten, Senfkörnern, Pfefferkörnern und Lorbeerblättern in vorbereitete Gläser schichten.

5. Für die Essig-Zucker-Lösung Essig mit Wasser und Zucker in einem Topf zum Kochen bringen. Topf von der Kochstelle nehmen, Einmach-Hilfe unterrühren. So viel von der Essig-Zucker-Lösung über die Gurken gießen, dass sie gut bedeckt sind.

6. Die Gläser sofort mit Twist-off-Deckeln® verschließen, an einem kühlen Ort (im Keller) mindestens 3 Wochen vor dem Verzehr durchziehen lassen.

GRANATAPFELGELEE MIT BIONADE UND KOKOS

Zubereitungszeit: 35 Minuten
Haltbarkeit: kühl und dunkel gestellt 3–4 Monate

ZUTATEN FÜR 4 GLÄSER JE ETWA 200 ML

400 ml Granatapfel-Mehrfruchtgetränk
330 ml Bionade Ingwer Orange
(Biologisches Erfrischungsgetränk)
20 g Kokosraspel
4 Stängel Minze
400 g Zucker
1 Beutel Gelfix Extra 2:1 (25 g)
1 Pck. Zitronensäure (5 g)

INSGESAMT:

E: 5 g, F: 13 g, Kh: 481 g, kcal: 2091

1. Granatapfelsaft mit Bionade Ingwer Orange und Kokosraspeln in einen großen Kochtopf geben. Minze abspülen und trocken tupfen. Die Blättchen von den Stängeln zupfen. Große Blättchen halbieren.

2. Die abgewogene Zuckermenge mit Gelfix Extra mischen, zu dem Saft in den Topf geben und gut verrühren. Die Zutaten unter Rühren bei starker Hitze zum Kochen bringen und unter ständigem Rühren mindestens 3 Minuten sprudelnd kochen lassen. Die Zitronensäure unterrühren und den Topf von der Kochstelle nehmen.

3. Das Kochgut evtl. abschäumen. Minzeblättchen in den vorbereiteten Gläsern verteilen. Den heißen Saft sofort randvoll in die Gläser füllen.

4. Die Gläser mit Twist-off-Deckeln® verschließen, umdrehen und etwa 5 Minuten auf den Deckeln stehen lassen.

5. Die Gläser während des Erkaltens gelegentlich umdrehen, damit sich die Kokosraspel und Minzeblättchen gleichmäßig verteilen.

TIPPS:

Statt 400 ml Granatapfel-Mehrfruchtgetränk 100 ml Grenadine-Sirup und 300 ml Granatapfel-Mehrfruchtgetränk verwenden.
Das Granatapfelgelee schmeckt sehr gut zu geräucherter Entenbrust oder Ziegenkäse.

GRAPEFRUIT IN WODKA UND APEROL

◷ Zubereitungszeit: 20 Minuten
Garzeit: 15–20 Minuten
Durchziehzeit: etwa 1 Monat
Haltbarkeit: gekühlt etwa 6 Monate
▲ Mit Alkohol

ZUTATEN FÜR 2 GLÄSER JE ETWA 1 L

180 g Zucker
600 ml Wasser
1 kg Bio-Grapefruits (unbehandelt)
etwa 300 ml Wodka (40 Vol.-%)
150 ml Aperol (Bitterlikör)

INSGESAMT:

E: 2 g, F: 0 g, Kh: 210 g, kcal: 1875

1. Zucker mit Wasser in einem Topf unter Rühren erhitzen, so lange weiterrühren, bis sich der Zucker aufgelöst hat. Grapefruits gründlich heiß abwaschen, abtropfen lassen und jeweils quer in 6 Scheiben schneiden. Gründlich gereinigte, gespülte Gläser im Backofen bei niedriger Temperatur vorwärmen.

2. Grapefruitscheiben in die Zuckerlösung geben und 15–20 Minuten bei schwacher Hitze kochen lassen. Anschließend die Grapefruitscheiben mit einer langen Pinzette oder einer Schaumkelle aus der Zuckerlösung nehmen und in die vorgewärmten Gläser geben. Jeweils mit etwas Wodka und Aperol übergießen und mit der Zuckerlösung auffüllen. Gläser sofort fest verschließen.
Gläser kurz auf den Kopf stellen, damit sich die Flüssigkeiten verbinden. Etwa 1 Monat an einem kühlen und dunklen Ort (am besten im Keller) durchziehen lassen.

TIPPS:

Der Likör schmeckt zu griechischem Joghurt, Grießpudding oder Desserts mit Weihnachtsgewürzen.
Nach Belieben können Sie Aperol durch Grand Manier oder Cointreau ersetzen, dann schmeckt der Likör nicht so bitter.

GRAPEFRUIT-CASSIS-MARMELADE

Zubereitungszeit: 30 Minuten
Haltbarkeit: kühl und dunkel gestellt 6–8 Monate

ZUTATEN FÜR 3–4 GLÄSER JE ETWA 400 ML

etwa 5 Pink Grapefruits (etwa 1 ½ kg)
175 ml schwarzer Johannisbeersaft (Direktsaft, z. B. aus dem Reformhaus)
500 g Extra Gelierzucker 2:1
2 ½ EL Mandel-Aromasirup
1 Pck. Zitronensäure (5 g)

INSGESAMT:

E: 7 g, F: 2 g, Kh: 603 g, kcal: 2588

1. Die Grapefruits so schälen, dass die weiße Haut vollständig entfernt wird. Grapefruits filetieren, dabei den Saft auffangen. 800 g Grapefruitfilets mit Saft abwiegen, mit dem Johannisbeersaft in einen großen Topf geben.

2. Gelierzucker mit Sirup und Zitronensäure in den Topf geben und unterrühren. Alles unter Rühren bei starker Hitze zum Kochen bringen und unter ständigem Rühren mindestens 3 Minuten sprudelnd kochen lassen. Den Kochtopf von der Kochstelle nehmen.

3. Das Kochgut evtl. abschäumen und sofort randvoll in vorbereitete Gläser füllen. Die Gläser mit Twist-off-Deckeln® verschließen, umdrehen und anschließend etwa 5 Minuten auf den Deckeln stehen lassen.

GRAPEFRUIT-MANDARINEN-MARMELADE (REZEPT OHNE FOTO)

Zubereitungszeit: 50 Minuten
Haltbarkeit: kühl und dunkel gestellt etwa 1 Jahr
▲ Mit Alkohol

ZUTATEN FÜR 7 GLÄSER JE ETWA 200 ML

600 g Pink Grapefruitfilets (vorbereitet gewogen)
400 g Mandarinen-Fruchtfleisch (vorbereitet gewogen)
1 Beutel Gelfix Classic 1:1 (20 g)
1150 g Zucker, 2 EL Orangenlikör

INSGESAMT:

E: 6 g, F: 2 g, Kh: 1239 g, kcal: 5044

1. Grapefruits so schälen, dass die weiße Haut vollständig entfernt wird. Grapefruits filetieren, klein schneiden und 600 g abwiegen. Grapefruitstücke in einen großen Kochtopf geben.

2. Mandarinen schälen, in Spalten teilen, klein schneiden und 400 g abwiegen. Mandarinenstücke mit den Grapefruitstücken vermischen.

3. Gelfix Classic zuerst mit 2 Esslöffeln des Zuckers mischen, dann mit der Fruchtmasse verrühren. Die Zutaten unter Rühren bei starker Hitze zum Kochen bringen. Danach restlichen Zucker hinzufügen.

4. Alles unter Rühren wieder zum Kochen bringen und unter ständigem Rühren mindestens 3 Minuten sprudelnd kochen lassen. Topf von der Kochstelle nehmen. Orangenlikör unterrühren.

6. Das Kochgut eventuell abschäumen und sofort randvoll in vorbereitete Gläser füllen. Gläser mit Twist-off-Deckeln® verschließen, umdrehen, etwa 5 Minuten auf den Deckeln stehen lassen.

GRAPEFRUIT-
ORANGEN
MARMELADE

GRAPEFRUIT-ORANGEN-MARMELADE

Zubereitungszeit: 50 Minuten
Haltbarkeit: kühl und dunkel gestellt etwa 1 Jahr

ZUTATEN FÜR 7 GLÄSER JE ETWA 200 ML

4 Pink Grapefruits (etwa 1,3 kg)
2–3 Orangen (etwa 750 g)
1 Beutel Gelfix Classic 1:1 (20 g)
1150 g Zucker

INSGESAMT:

E: 8 g, F: 2 g, Kh: 1239 g, kcal: 5182

1. Grapefruits und Orangen so schälen, dass die weiße Haut vollständig entfernt wird. Grapefruits und Orangen filetieren und in kleine Stücke schneiden, dabei den Saft auffangen. 600 g Grapefruitstücke und 400 g Orangenstücke jeweils mit Saft abwiegen, in einen großen Kochtopf geben.

2. Gelfix Classic zuerst mit 2 Esslöffeln des Zuckers mischen, dann mit der Fruchtmasse verrühren.

3. Die Zutaten unter Rühren bei starker Hitze zum Kochen bringen. Sobald alles bei ständigem Rühren sprudelnd kocht, restlichen Zucker hinzufügen. Alles unter Rühren wieder zum Kochen bringen und unter ständigem Rühren mindestens 3 Minuten sprudelnd kochen lassen. Topf von der Kochstelle nehmen.

4. Das Kochgut evtl. abschäumen und sofort randvoll in vorbereitete Gläser füllen.

5. Die Gläser mit Twist-off-Deckeln® verschließen, umdrehen und etwa 5 Minuten auf den Deckeln stehen lassen.

GRAPEFRUIT-PHYSALIS-KONFITÜRE (REZEPT OHNE FOTO)

Zubereitungszeit: 45 Minuten
Haltbarkeit: kühl und dunkel gestellt 3–4 Monate

ZUTATEN FÜR 5 GLÄSER JE ETWA 200 ML

800 g geschälte Pink Grapefruitfilets (vorbereitet gewogen)
200 g Physalis (Kapstachelbeeren, vorbereitet gewogen)
500 g Extra Gelierzucker 2:1

INSGESAMT:

E: 9 g, F: 3 g, Kh: 578 g, kcal: 2484

1. Die Grapefruits so schälen, dass die weiße Haut vollständig entfernt wird. Grapefruits filetieren, 800 g abwiegen, in einen großen Kochtopf geben und mit einem Stabmixer pürieren.

2. Die Physalis enthäuten, abspülen, gut abtropfen lassen, entstielen und 200 g abwiegen. Physalis in Viertel schneiden, mit dem Extra Gelierzucker zu dem Grapefruitpüree in den Topf geben und gut verrühren.

3. Die Zutaten unter Rühren bei starker Hitze zum Kochen bringen und unter ständigem Rühren mindestens 3 Minuten sprudelnd kochen lassen. Den Topf von der Kochstelle nehmen.

4. Das Kochgut evtl. abschäumen und sofort randvoll in vorbereitete Gläser füllen. Die Gläser mit Twist-off-Deckeln® verschließen, umdrehen und etwa 5 Minuten auf den Deckeln stehen lassen.

TIPP:

Um 800 g Grapefruitfilets zu bekommen, benötigt man 5–6 Grapefruits.

GREEN SMOOTHIE KONFITÜRE

Zubereitungszeit: 30 Minuten
Haltbarkeit: kühl und dunkel gestellt 6–8 Monate

ZUTATEN FÜR 3 GLÄSER JE ETWA 400 ML

etwa 125 g Staudensellerie
6–8 mittelgroße Kiwis
3 Pink Grapefruits (etwa 1 kg)
75 ml Limettensaft (von etwa 3 Limetten)
½ TL grünes Matchatee-Pulver
1 Beutel Gelfix Extra 2:1 (25 g)
500 g Zucker

INSGESAMT:

E: 9 g, F: 4 g, Kh: 593 g, kcal: 2598

1. Sellerie putzen und die harten Außenfäden sorgfältig abziehen. Sellerie abspülen und abtropfen lassen. 75 g Sellerie abwiegen, fein würfeln und pürieren.

2. Kiwis schälen, 450 g Fruchtfleisch abwiegen und ebenfalls würfeln.

3. Die Grapefruits so schälen, dass die weiße Haut vollständig entfernt wird. Die Grapefruits filetieren. Die Grapefruitfilets in Stücke schneiden und 450 g abwiegen.

4. Selleriepüree mit Kiwiwürfeln, Grapefruitfiletstücken, Limettensaft und Teepulver in einen großen Topf geben und verrühren. Gelfix Extra und Zucker sorgfältig mischen, zu der Frucht-Sellerie-Mischung geben und gut unterrühren.

5. Die Zutaten unter Rühren bei starker Hitze zum Kochen bringen und unter ständigem Rühren mindestens 3 Minuten sprudelnd kochen lassen. Anschließend den Kochtopf von der Kochstelle nehmen.

6. Das Kochgut evtl. abschäumen und sofort randvoll in vorbereitete Gläser füllen.

7. Die Gläser mit Twist-off-Deckeln® verschließen, umdrehen und etwa 5 Minuten auf den Deckeln stehen lassen.

GRÜNE OLIVEN IN ÖL

Zubereitungszeit: 25 Minuten
Durchziehzeit: etwa 2 Wochen
Haltbarkeit: kühl und dunkel gestellt 6–9 Monate

ZUTATEN FÜR 2 GLÄSER JE ETWA 400 ML

320 g grüne Oliven (aus dem Glas)
1 TL Fenchelsamen
4 Knoblauchzehen
1 Bio-Zitrone (unbehandelt, ungewachst)
3 Zweige frischer Thymian
etwa 400 ml Olivenöl

INSGESAMT:

E: 5 g, F: 441 g, Kh: 13 g, kcal: 4000

1. Oliven abspülen und trocken tupfen. Oliven mit einem Fleischklopfer oder mit der Unterseite eines dicken Glases leicht aufschlagen und jeweils den Stein entfernen.

2. Fenchelsamen leicht zerdrücken. Knoblauch abziehen, zerdrücken oder durch eine Knoblauchpresse drücken. Zitrone heiß abwaschen, abtrocknen und einen langen Streifen von der Zitrone abschälen. Thymian abspülen und trocken tupfen.

3. Oliven mit Fenchelsamen, Knoblauch, Zitronenschale und Thymian in vorbereitete Gläser geben. Gläser dabei etwas auf die Arbeitsfläche aufstoßen, damit die Oliven dicht im Glas zusammenrutschen.

4. Die Oliven mit so viel Olivenöl übergießen, dass sie gut bedeckt sind. Die Gläser nochmals vorsichtig aufstoßen, damit Luftblasen entweichen können.

5. Die Gläser mit Twist-off-Deckeln® verschließen. Oliven kalt, dunkel und trocken gestellt etwa 2 Wochen vor dem Verzehr durchziehen lassen. Die Gläser während der Durchziehzeit ab und zu schwenken.

GURKEN, EINGELEGT

(IM FOTO RECHTS)

- Zubereitungszeit: 60 Minuten, ohne Einlegzeit
  Durchziehzeit: mindestens 3 Wochen
  Haltbarkeit: kühl und dunkel gestellt
  etwa 6 Monate
- ▲ Mit Alkohol

ZUTATEN FÜR 3 GLÄSER JE ETWA 750 ML

1 ½ kg kleine gerade Einlegegurken
je 2 Zweige Dill und glatte Petersilie
1 Zweig Rosmarin
2 Salbeiblättchen

FÜR DIE ESSIG-ZUCKER-LÖSUNG:

250 g kleine Perlzwiebeln
1 Stück Ingwer
125 ml Weißweinessig
125 ml Weißwein
500 ml Wasser
100 g Zucker
3 gestr. TL Salz
2 Lorbeerblätter
½ TL Pfefferkörner
1 Pck. Einmach-Hilfe

INSGESAMT:

E: 14 g, F: 4 g, Kh: 167 g, kcal: 893

1. Gurken gründlich waschen und in eine Schüssel geben. Salzwasser (auf 1 l Wasser 75 g Salz) über die Gurken gießen und 12–24 Stunden an einem kühlen Ort stehen lassen.

2. Gurken aus dem Salzwasser nehmen, sorgfältig abbürsten und abspülen. Gurken einzeln mit einem Tuch abtrocknen und die schlechten Stellen entfernen.

3. Dill, Petersilie, Rosmarin und Salbeiblättchen abspülen, trocken tupfen. Gurken und Kräuter in vorbereitete Gläser füllen.

4. Für die Essig-Zucker-Lösung Zwiebeln abziehen, Ingwer schälen, mit Essig, Wein, Wasser, Zucker, Salz, Lorbeerblättern und Pfefferkörnern in einem Topf zum Kochen bringen. Topf von der Kochstelle nehmen, Einmach-Hilfe unterrühren.

5. Die Essig-Zucker-Lösung über die Gurken gießen. Die Gläser sofort mit Twist-off-Deckeln® verschließen.

TIPP:

Gurken mindestens 3 Wochen kalt gestellt vor dem Verzehr durchziehen lassen.

GURKEN IN BIER

(IM FOTO LINKS)

- Zubereitungszeit: 20 Minuten
  Durchziehzeit: 2–3 Tage
  Haltbarkeit: 2–3 Wochen
- ▲ Mit Alkohol

ZUTATEN FÜR 1 GLAS ETWA 1750 ML

1 große Salatgurke (etwa 800 g)
1 Bio-Zitrone (unbehandelt, ungewachst)
375 ml dunkles Bier
2 TL Zucker
1 gestr. TL Salz
2 Msp. Einmach-Hilfe

INSGESAMT:

E: 4 g, F: 1 g, Kh: 32 g, kcal: 264

1. Gurke schälen und die Enden abschneiden. Gurke längs halbieren, entkernen und quer in Streifen schneiden. Gurkenstreifen in etwas Salzwasser geben, zum Kochen bringen, einmal aufkochen und anschließend in einem Sieb abtropfen lassen.

2. Zitrone heiß abwaschen, abtrocknen und von der Hälfte die Schale abreiben. Zitrone halbieren und eine Hälfte auspressen. Von der zweiten Zitronenhälfte 2 Scheiben abschneiden.

3. Bier mit Zitronenschale, -saft, Zucker und Salz in einem Topf zum Kochen bringen. Die Gurkenstreifen hinzugeben und etwa 5 Minuten bei schwacher Hitze dünsten lassen. Topf von der Kochstelle nehmen und Einmach-Hilfe unterrühren.

4. Gurkenstreifen mit den beiseitegelegten Zitronenscheiben in ein vorbereitetes großes Glas geben, mit einem Twist-off-Deckel® verschließen und 2–3 Tage durchziehen lassen.

HAGEBUTTENKONFITÜRE, WÜRZIG

Zubereitungszeit: 40 Minuten, ohne Einweichzeit
Garzeit: etwa 25 Minuten
Haltbarkeit: kühl und dunkel gestellt 3–4 Monate

ZUTATEN FÜR 7 GLÄSER JE ETWA 200 ML

1 kg Hagebuttenmark (von etwa 1,8 kg Hagebutten, vorbereitet gewogen)
500 ml Wasser
1 Beutel Gelfix Classic 1:1 (20 g)
1150 g Zucker
3 Gewürznelken
Schale von ½ Bio-Zitrone (unbehandelt, ungewachst)
½ TL gem. Zimt
1–2 EL Zitronensaft

INSGESAMT:

E: 35 g, F: 5 g, Kh: 1353 g, kcal: 5751

1. Am Vorabend Hagebutten abspülen, gut abtropfen lassen und putzen. Die Stiele und Blüten jeweils von der Hagebutte mit einer Schere entfernen (unbedingt Handschuhe tragen). Von den geputzten Hagebutten etwa 1,2 kg abwiegen. Die Hagebutten mit dem Wasser in einen Topf geben und über Nacht stehen lassen.

2. Am nächsten Tag die Hagebutten mit dem Wasser zum Kochen bringen und zugedeckt etwa 25 Minuten bei schwacher Hitze weich kochen lassen.

3. Die Hagebuttenmasse durch ein Sieb streichen (das geht am besten mit dem Passierstab des Mixers), wobei die Kerne und Härchen zurückbleiben. Von dem so gewonnenen Hagebuttenmark 1 kg abwiegen (evtl. mit Wasser auffüllen).

4. Das Hagebuttenmark in einen großen Kochtopf geben. Gelfix Classic zuerst mit 2 Esslöffeln der abgewogenen Zuckermenge mischen, dann mit dem Hagebuttenmark verrühren.

5. Die Fruchtmasse unter Rühren bei starker Hitze zum Kochen bringen. Sobald alles bei ständigem Rühren sprudelnd kocht, restlichen Zucker, Nelken und Zitronenschale hinzufügen.

6. Alles unter Rühren wieder zum Kochen bringen und unter ständigem Rühren mindestens 3 Minuten sprudelnd kochen lassen. Den Topf von der Kochstelle nehmen. Zimt und Zitronensaft gut unterrühren.

7. Das Kochgut evtl. abschäumen und sofort randvoll in vorbereitete Gläser füllen. Gläser mit Twist-off-Deckeln® verschließen, umdrehen und etwa 5 Minuten auf den Deckeln stehen lassen.

TIPP:

Eilige kaufen fertiges Hagebuttenmark in gut sortierten Supermärkten oder im Reformhaus.

HEIDELBEER-ANANAS-KONFITÜRE

Zubereitungszeit: 45 Minuten
Haltbarkeit: kühl und dunkel gestellt etwa 1 Jahr

ZUTATEN FÜR 5 GLÄSER JE ETWA 200 ML

etwa 725 g Heidelbeeren
300 g geschältes Ananas-Fruchtfleisch
1 Pck. Zitronensäure (5 g)
500 g Extra Gelierzucker 2:1

INSGESAMT:

E: 6 g, F: 5 g, Kh: 572 g, kcal: 2494

1. Die Heidelbeeren verlesen, abspülen, abtropfen lassen und 700 g abwiegen. Das Ananas-Fruchtfleisch fein schneiden.

2. Die Früchte mit Zitronensäure und Extra Gelierzucker in einem großen Kochtopf gut verrühren. Alles bei starker Hitze unter Rühren zum Kochen bringen, mindestens 3 Minuten unter ständigem Rühren sprudelnd kochen lassen. Den Topf von der Kochstelle nehmen.

3. Das Kochgut evtl. abschäumen und sofort randvoll in vorbereitete Gläser füllen. Die Gläser mit Twist-off-Deckeln® verschließen, umdrehen und etwa 5 Minuten auf den Deckeln stehen lassen.

HEIDELBEERKONFITÜRE MIT VANILLE

Zubereitungszeit: 15 Minuten, ohne Auftauzeit
Haltbarkeit: kühl und dunkel gestellt etwa 1 Jahr

ZUTATEN FÜR 7 GLÄSER JE ETWA 200 ML

1 kg TK-Heidelbeeren
500 ml Orangensaft (Handelsware)
1 Pck. Bourbon-Vanille-Aroma
500 g Super Gelierzucker 3:1

INSGESAMT:

E: 10 g, F: 7 g, Kh: 599 g, kcal: 2586

1. Heidelbeeren nach Packungsanleitung auftauen lassen, dabei den entstehenden Saft auffangen.

2. Die Heidelbeeren mit dem eigenen Saft, Orangensaft und Vanille-Aroma in einem großen Kochtopf mit Super Gelierzucker gut verrühren.

3. Zutaten unter Rühren bei starker Hitze zum Kochen bringen und unter ständigem Rühren mindestens 3 Minuten sprudelnd kochen lassen. Den Topf von der Kochstelle nehmen.

4. Das Kochgut evtl. abschäumen und sofort randvoll in vorbereitete Gläser füllen.

5. Die Gläser mit Twist-off-Deckeln® verschließen, umdrehen und etwa 5 Minuten auf den Deckeln stehen lassen.

TIPP:

Anstelle von TK-Heidelbeeren können Sie auch frische Kulturheidelbeeren verwenden. Dann sollten Sie allerdings die Hälfte der Heidelbeeren pürieren.

HEIDELBEERLIKÖR

(REZEPT OHNE FOTO)

Zubereitungszeit: 20 Minuten
Durchziehzeit: etwa 6 Wochen
Haltbarkeit: gekühlt etwa 2 Monate
▲ Mit Alkohol

ZUTATEN FÜR 2 FLASCHEN JE ETWA 700 ML

200–300 g Heidelbeeren
175 g brauner Kandis
1 Zimtstange
3 Gewürznelken
700 ml Weizenkorn (38 Vol.-%)

INSGESAMT:

E: 0 g, F: 0 g, Kh: 177 g, kcal: 2192

1. Die Heidelbeeren verlesen, vorsichtig abspülen und gut abtropfen lassen. Die Zimtstange etwas zerkleinern.

2. Zu gleichen Teilen die Heidelbeeren mit Kandis, Zimt und Nelken in 2 gründlich gereinigte, gespülte Flaschen geben und mit dem Weizenkorn auffüllen.

3. Die Flaschen verschließen, vorsichtig schütteln, kalt stellen und etwa 6 Wochen durchziehen lassen, bis sich der Kandis vollständig aufgelöst hat. Die Flaschen ab und zu vorsichtig schütteln.

4. Den Likör nach Belieben durch ein feines Sieb gießen, wieder in eine gründlich gereinigte, gespülte, große Flasche oder in kleine Flaschen umfüllen, fest verschließen und kalt gestellt aufbewahren.

HERBSTGELEE, SCHNELL

Zubereitungszeit: 15 Minuten
Haltbarkeit: kühl und dunkel gestellt etwa 1 Jahr

ZUTATEN FÜR 6 GLÄSER JE ETWA 200 ML

400 ml heller Traubensaft (Handelsware)
400 ml Birnennektar (Handelsware)
450 ml Apfelsaft (Handelsware)
500 g Super Gelierzucker 3:1

INSGESAMT:

E: 3 g, F: 1 g, Kh: 663 g, kcal: 2723

1. Traubensaft, Birnennektar und Apfelsaft in einem großen Kochtopf mit Super Gelierzucker gut verrühren. Alles unter Rühren bei starker Hitze zum Kochen bringen und unter ständigem Rühren mindestens 3 Minuten sprudelnd kochen lassen. Topf von der Kochstelle nehmen.

2. Kochgut eventuell abschäumen und sofort randvoll in vorbereitete Gläser füllen. Gläser mit Twist-off-Deckeln® verschließen, umdrehen und etwa 5 Minuten auf den Deckeln stehen lassen.

TIPP:

Sie können die Säfte auch im Dampfentsafter selbst pressen. Verwenden Sie dann möglichst Früchte mit kräftigem Eigengeschmack und ausreichend Säure, z. B. von Streuobstwiesen.

HIMBEER-APRIKOSEN-LIKÖR

◔ Zubereitungszeit: 40 Minuten, ohne Abkühlzeit
Durchziehzeit: etwa 6 Wochen
Haltbarkeit: gekühlt etwa 6 Monate
▲ Mit Alkohol

ZUTATEN FÜR 1 GROSSES GLAS ETWA 2 L

300 ml Wasser
700 g Zucker
1,1 l Doppelkorn (38 Vol.-%)
600 g frische Himbeeren
600 g Aprikosen (vorbereitet gewogen)

INSGESAMT:

E: 1 g, F: 0,5 g, Kh: 721 g, kcal: 5243

1. Wasser in einem Topf zum Kochen bringen. Zucker hinzufügen und so lange rühren, bis sich der Zucker aufgelöst hat. Anschließend bei mittlerer Hitze etwa 10 Minuten sirupartig einkochen lassen. Topf von der Kochstelle nehmen. 100 ml Doppelkorn abmessen, mit dem Zuckersirup verrühren und erkalten lassen.

2. In der Zwischenzeit Himbeeren verlesen, evtl. kurz abspülen und gut abtropfen lassen. Aprikosen abspülen und trocken tupfen. Aprikosen halbieren, entsteinen und in kleine Stücke schneiden. Himbeeren und Aprikosen in einer flachen Schüssel mit einer Gabel oder einem Kartoffelstampfer zerdrücken und beiseitestellen.

3. Die vorbereiteten Früchte mit Saft, Zuckersirup und dem restlichen Doppelkorn in ein großes, gründlich gereinigtes, gespültes Glas füllen. Das Glas gut verschließen und an einem dunklen, kühlen Ort (am besten im Keller) etwa 6 Wochen durchziehen lassen. Das Glas ab und zu kurz schütteln.

4. Anschließend die Mischung durch ein feines Sieb gießen, den Likör auffangen und in gründlich gereinigte, gespülte Flaschen füllen. Flaschen gut verschließen und im Kühlschrank aufbewahren.

TIPP:

Anstelle von Himbeeren und Aprikosen schmecken auch Erdbeeren und Limetten. Von den Limetten (Bio-Limetten, unbehandelt) die abgeriebene grüne Schale und den Saft verwenden.

HIMBEEREN, SÜSSSAUER

Zubereitungszeit: 15 Minuten
Haltbarkeit: kühl und dunkel gestellt mindestens 6–9 Monate
▲ Mit Alkohol

ZUTATEN FÜR 6 GLÄSER JE ETWA 230 ML

750 g frische Himbeeren (von etwa 850 g Himbeeren, vorbereitet gewogen)
250 ml Apfelessig
50 ml Himbeergeist
1 gestr. EL gem. Zimt
je 1 Msp. gem. Piment, gem. Muskatnuss und gem. Anissamen
500 g Extra Gelierzucker 2:1

INSGESAMT:

E: 11 g, F: 3 g, Kh: 536 g, kcal: 2440

1. Die Himbeeren verlesen, evtl. kurz abspülen, gut trocken tupfen und 750 g abwiegen. Himbeeren mit dem Apfelessig im Mixer oder mit einem Pürierstab pürieren. Himbeergeist und die Gewürze hinzugeben, gut vermischen.

2. Das Fruchtpüree mit Gelierzucker in einem großen Kochtopf gut verrühren. Alles unter Rühren bei starker Hitze zum Kochen bringen und unter ständigem Rühren mindestens 3 Minuten sprudelnd kochen lassen. Den Topf von der Kochstelle nehmen. Kochgut evtl. abschäumen und sofort randvoll in vorbereitete Gläser füllen.

3. Gläser mit Twist-off-Deckeln® verschließen, umdrehen und etwa 5 Minuten auf den Deckeln stehen lassen.

TIPP:

Passt sehr gut als Beilage zu kräftigem Bergkäse, Gegrilltem oder Wildgerichten.

HIMBEERESSIG

(REZEPT OHNE FOTO)

Zubereitungszeit: 15 Minuten, ohne Durchzieh- und Abkühlzeit
Haltbarkeit: kühl und dunkel gestellt etwa 6 Monate

ZUTATEN FÜR 1 FLASCHE ETWA 500 ML

300 g frische oder TK-Himbeeren
knapp 500 ml Weißweinessig (5 % Säure)

INSGESAMT:

E: 6 g, F: 1 g, Kh: 17 g, kcal: 196

1. Frische Himbeeren verlesen. TK-Himbeeren nach Packungsanleitung auftauen lassen.

2. Himbeeren in eine vorbereitete Flasche mit weitem Hals geben und mit Essig auffüllen. Die Flasche verschließen und etwa 2 Wochen an einem sonnigen Platz (Fenster) oder einem warmen Ort (Küche) stehen lassen. Dabei die Flasche zwischendurch schütteln.

3. Den Essig abgießen, einmal aufkochen und abkühlen lassen. Den Essig wieder über die Himbeeren gießen und die Flasche verschließen.

TIPP:

Himbeeressig eignet sich zum Würzen feiner Salate und Saucen sowie von Wild, Geflügel und Leber.

HIMBEERLIKÖR

(REZEPT OHNE FOTO)

● Zubereitungszeit: 30 Minuten
Durchziehzeit: etwa 4 Wochen
Haltbarkeit: gekühlt 4–6 Monate
▲ Mit Alkohol

ZUTATEN FÜR 2 FLASCHEN JE ETWA 500 ML

500 g Himbeeren
1 Limette
1 Vanilleschote
0,7 l Doppelkorn (38 Vol.-%)
100 ml Weingeist/Ethanol (hochprozentiger Alkohol aus der Apotheke, 90 Vol.-%)
200 g Zucker

INSGESAMT:

E: 7 g, F: 3 g, Kh: 223 g, kcal: 3019

1. Himbeeren verlesen, vorsichtig unter fließendem kalten Wasser abspülen und gut abtropfen lassen. Limette so schälen, dass die weiße Haut mitentfernt wird. Limette in Scheiben schneiden.

2. Himbeeren und Limettenscheiben in ein vorbereitetes Glas (1 ½ l Inhalt) geben. Vanilleschote halbieren und das Mark herauskratzen. Schote und Mark mit in das Glas geben.

3. Doppelkorn mit Weingeist verrühren, den Zucker darin unter Rühren auflösen. Die Himbeeren mit der Alkoholmischung begießen. Das Glas mit einem Deckel fest verschließen und kalt gestellt 4 Wochen durchziehen lassen.

4. Nach der Durchziehzeit die Flüssigkeit in 2 vorbereitete Flaschen abfiltern und die Flaschen gut verschließen.

HIMBEER-MANGO-KONFITÜRE

● Zubereitungszeit: 25 Minuten
Haltbarkeit: kühl und dunkel gestellt 3–4 Monate

ZUTATEN FÜR 5 GLÄSER JE ETWA 200 ML

600 g Himbeeren (von etwa 700 g Himbeeren, vorbereitet gewogen)
400 g Mango (von etwa 2 Mangos, vorbereitet gewogen)
500 g Extra Gelierzucker 2:1

INSGESAMT:

E: 10 g, F: 4 g, Kh: 571 g, kcal: 2420

1. Himbeeren verlesen, evtl. kurz abspülen, trocken tupfen und 600 g abwiegen. Von den Mangos das Fruchtfleisch vom Stein abschneiden. Fruchtfleisch schälen, in kleine Stücke schneiden und 400 g abwiegen.

2. Vorbereitete Früchte in einem großen Kochtopf mit Extra Gelierzucker gut verrühren. Die Zutaten unter Rühren bei starker Hitze zum Kochen bringen und unter ständigem Rühren mindestens 3 Minuten sprudelnd kochen lassen. Den Topf von der Kochstelle nehmen.

3. Das Kochgut evtl. abschäumen und sofort randvoll in vorbereitete Gläser füllen.

4. Die Gläser mit Twist-off-Deckeln® verschließen, umdrehen und etwa 5 Minuten auf den Deckeln stehen lassen.

TIPP:

Anstelle von frischen Himbeeren können Sie auch TK-Himbeeren verwenden. Himbeeren tiefgekühlt abwiegen, auftauen lassen und den entstehenden Saft bei der Zubereitung mitverwenden.

HIMBEER-NASHI-KONFITÜRE

Zubereitungszeit: 35 Minuten
Haltbarkeit: kühl und dunkel gestellt
3–4 Monate

ZUTATEN FÜR 5 GLÄSER JE ETWA 200 ML

600 g Himbeeren
(vorbereitet gewogen)
400 g Nashi-Fruchtfleisch
(vorbereitet gewogen,
von 2–3 Nashi-Früchten)
500 g Extra Gelierzucker 2:1

INSGESAMT:

E: 10 g, F: 3 g, Kh: 566 g, kcal: 2396

1. Die Himbeeren verlesen, evtl. abspülen, abtropfen lassen, entstielen und 600 g abwiegen. Nashi-Früchte schälen, vierteln, entkernen, in kleine Stücke schneiden und 400 g abwiegen. Vorbereitete Früchte in einen großen Kochtopf geben und mit Extra Gelierzucker gut verrühren.

2. Die Zutaten unter Rühren bei starker Hitze zum Kochen bringen und unter ständigem Rühren mindestens 3 Minuten sprudelnd kochen lassen. Den Topf von der Kochstelle nehmen.

3. Das Kochgut evtl. abschäumen und sofort randvoll in vorbereitete Gläser füllen. Die Gläser mit Twist-off-Deckeln® verschließen, umdrehen und etwa 5 Minuten auf den Deckeln stehen lassen.

TIPPS:

Die Nashi-Frucht wird auch als japanische Birne bezeichnet. Der Geschmack erinnert an Birne. Statt frischer Himbeeren TK-Himbeeren verwenden.

HIMBEER-ORANGEN-KONFITÜRE MIT GANZEN FRÜCHTEN (REZEPT OHNE FOTO)

Zubereitungszeit: 20 Minuten
Haltbarkeit: kühl und dunkel gestellt
2–3 Monate

ZUTATEN FÜR 4 GLÄSER JE ETWA 200 ML

500 ml Himbeer-Direktsaft
125 ml Orangensaft (Handelsware)
500 g Extra Gelierzucker 2:1
1 Pck. Zitronensäure (5 g)
125 g Himbeeren

INSGESAMT:

E: 4 g, F: 2 g, Kh: 537 g, kcal: 2250

1. Himbeer- und Orangensaft in einen großen Kochtopf geben, mit Extra Gelierzucker und Zitronensäure gut verrühren. Die Zutaten unter Rühren bei starker Hitze zum Kochen bringen und unter ständigem Rühren mindestens 3 Minuten sprudelnd kochen lassen. Den Topf von der Kochstelle nehmen.

2. Himbeeren entstielen, kurz abspülen, gut abtropfen lassen. Himbeeren in den Topf geben und nochmals kurz aufkochen lassen. Den Topf wieder von der Kochstelle nehmen.

3. Das Kochgut evtl. abschäumen und sofort randvoll in vorbereitete Gläser füllen. Die Gläser mit Twist-off-Deckeln® verschließen, umdrehen und etwa 5 Minuten auf den Deckeln stehen lassen. Die Gläser während des Erkaltens gelegentlich umdrehen, damit sich die Himbeeren gleichmäßig verteilen.

HIMBEER-PINK-GRAPEFRUIT-KONFITÜRE

Zubereitungszeit: 45 Minuten
Haltbarkeit: kühl und dunkel gestellt etwa 1 Jahr

ZUTATEN FÜR 6 GLÄSER JE ETWA 200 ML

500 g Himbeeren (vorbereitet gewogen)
450 g Pink-Grapefruitfilets und -saft (von 5–6 Pink-Grapefruits, vorbereitet gewogen)
70 ml Zitronensaft (von 1–2 Zitronen)
1 Pck. Orangenschalen-Aroma
350 g Diät Gelier-Fruchtzucker 3:1

INSGESAMT:

E: 9 g, F: 2 g, Kh: 410 g, kcal: 1800

1. Himbeeren verlesen, eventuell abspülen, trocken tupfen und 500 g abwiegen. Grapefruits so schälen, dass die weiße Haut vollständig entfernt wird. Grapefruits filetieren, dabei den Saft auffangen und insgesamt 450 g abwiegen. Zitronen halbieren, den Saft auspressen und 70 ml abmessen.

2. Vorbereitete Früchte, Zitronensaft und Orangenschalen-Aroma mit Diät Gelier-Fruchtzucker in einem großen Kochtopf gut verrühren. Alles unter Rühren bei starker Hitze zum Kochen bringen und unter ständigem Rühren mindestens 3 Minuten sprudelnd kochen lassen. Topf von der Kochstelle nehmen.

3. Kochgut eventuell abschäumen und sofort randvoll in vorbereitete Gläser füllen. Gläser mit Twist-off-Deckeln® verschließen, umdrehen und etwa 5 Minuten auf den Deckeln stehen lassen.

TIPP:

Ersetzen Sie den Zitronensaft durch frisch gepressten Granatapfelsaft.

REZEPTVARIANTE:

Himbeer-Orangen-Konfitüre
Grapefruitfilets und -saft durch 450 ml Orangensaft (von 6–7 Orangen oder gekauften Orangensaft) ersetzen.

HOLUNDERLIKÖR MIT GIN

◔ Zubereitungszeit: 30 Minuten, ohne Saftziehzeit
Durchziehzeit: etwa 6 Wochen
Haltbarkeit: gekühlt 6–12 Monate
▲ Mit Alkohol

ZUTATEN FÜR 1 GROSSES GLAS ETWA 3 L

etwa 1,2 kg Holunderbeerdolden
800 g Zucker
2 l Gin (43 Vol.-%)

INSGESAMT:

E: 1 g, F: 0 g, Kh: 815 g, kcal: 8553

1. Holunderbeerdolden verlesen, gründlich abspülen, abtropfen lassen und entstielen. Holunderbeeren mit dem Zucker vermengen und 2–3 Stunden Saft ziehen lassen.

2. Holunder mit Saft in ein großes, gründlich gereinigtes, gespültes Glas geben, mit Gin auffüllen. Das Glas gut verschließen und etwa 6 Wochen bei Zimmertemperatur durchziehen lassen. Das Glas ab und zu in die Sonne stellen.

3. Anschließend den Ansatz durch ein feines Sieb gießen, in 3 gründlich gereinigte, gespülte Flaschen füllen. Flaschen fest verschließen und im Kühlschrank aufbewahren.

TIPPS:

Die Früchte schmecken nach dem Abfüllen des Likörs hervorragend zu warmen Waffeln mit Eis und Sahne.
Verwenden Sie nur Holunder, der nach dem ersten Frost geerntet wurde. Erst dann entfalten die Beeren ihr volles Aroma.

HOLUNDERSAFT, GEKOCHT

Zubereitungszeit: 30 Minuten
Haltbarkeit: gekühlt etwa 6 Wochen

ZUTATEN FÜR 3 FLASCHEN JE ETWA 500 ML

2 kg Holunderbeerdolden
1250 ml Wasser
750 g–1 kg Zucker
½ Pck. Einmach-Hilfe

INSGESAMT:

E: 14 g, F: 7 g, Kh: 908 g, kcal: 3877

1. Holunderbeerdolden verlesen, gründlich abspülen, gut abtropfen lassen, in einen Kochtopf geben und zerdrücken (am besten mit einem Stampfer). Wasser hinzugießen und zum Kochen bringen.

2. Holunderbeerdolden auf ein gespanntes Safttuch geben und gut ablaufen lassen.

3. Den gewonnenen Saft abmessen, in den gesäuberten Topf gießen, mit Zucker verrühren (auf 1 Liter Saft ¾–1 kg Zucker nehmen), einmal aufkochen lassen und abschäumen. Den Topf von der Kochstelle nehmen. Einmach-Hilfe in den heißen Saft rühren.

4. Den Holundersaft in Flaschen (mit Dreh- oder Schnappverschluss) füllen und heiß verschließen.

TIPPS:

Holunderbeeren werden in Norddeutschland auch als Fliederbeeren bezeichnet.
Holundersaft ist ein altes Hausmittel mit medizinischer Wirkung. Eine warme oder heiße Tasse Holundersaft hilft bei fiebrigen und grippalen Infekten.
Auch vorbeugend eignet sich Holundersaft in der Erkältungszeit gut, da er reichlich Vitamin C enthält.

HOLUNDER-TRAUBEN-GELEE MIT QUITTEN

Zubereitungszeit: 30 Minuten, ohne Entsaftungs- und Abkühlzeit
Haltbarkeit: kühl und dunkel gestellt etwa 1 Jahr

ZUTATEN FÜR 6 GLÄSER JE ETWA 200 ML

500 ml Holunderbeersaft
(ungesüßt, von etwa 1,4 kg Holunderbeerdolden oder Handelsware)
250 g Quitten
(von etwa 2 Quitten, vorbereitet gewogen)
500 ml heller Traubensaft
(ungesüßt, Handelsware)
500 g Super Gelierzucker 3:1

INSGESAMT:

E: 8 g, F: 12 g, Kh: 625 g, kcal: 2675

1. Die Holunderbeerdolden gründlich abspülen, abtropfen lassen und mithilfe eines Schnellkochtopfes oder Dampfentsafters Saft gewinnen (Gebrauchsanleitung des Geräteherstellers beachten). Saft abkühlen lassen und 500 ml abmessen.

2. Von den Quitten den Flaum mit einem trockenen Tuch abreiben. Quitten abspülen, abtropfen lassen, halbieren, Kerne und Blütenansätze entfernen. Quittenhälften in kleine Stücke schneiden und 250 g abwiegen.

3. Holunder-, Traubensaft und Quittenstücke in einem großen Kochtopf mit Super Gelierzucker gut verrühren.

4. Die Zutaten unter Rühren bei starker Hitze zum Kochen bringen und unter ständigem Rühren mindestens 3 Minuten sprudelnd kochen lassen. Den Topf von der Kochstelle nehmen.

5. Das Kochgut evtl. abschäumen und sofort randvoll in vorbereitete Gläser füllen. Gläser mit Twist-off-Deckeln® verschließen, umdrehen und etwa 5 Minuten auf den Deckeln stehen lassen.

6. Die Gläser während des Erkaltens gelegentlich umdrehen, damit sich die Quittenstücke besser verteilen.

REZEPTVARIANTE 1:

Holunder-Weißwein-Gelee
Bereiten Sie das Gelee statt mit Traubensaft mit Weißwein zu.

REZEPTVARIANTE 2:

Holunder-Trauben-Gelee mit Birnen
Ersetzen Sie die Quittenstücke durch Birnenstücke, die Birnen jedoch vorher schälen.

INGWER-BIRNEN, SÜSSSAUER (REZEPT OHNE FOTO)

Zubereitungszeit: 30 Minuten, ohne Durchziehzeit
Haltbarkeit: kühl und dunkel gestellt etwa 1 Jahr

ZUTATEN FÜR 3 GLÄSER JE ETWA 1 L

2 kg kleine Birnen
Salz-Zitronen-Wasser

FÜR DIE ESSIG-ZUCKER-LÖSUNG:

375 ml Weißweinessig
250 ml Wasser
1 kg weißer Kandis
4 Gewürznelken
1 Stück Zimtstange
1 Stück Ingwer (getrocknet)
2–3 Sternanis
1 Pck. Einmach-Hilfe

INSGESAMT:

E: 13 g, F: 9 g, Kh: 1219 g, kcal: 5065

1. Die Birnen schälen, Blüten und Stiele entfernen. Birnen in Salz-Zitronen-Wasser legen, um zu verhindern, dass die Birnen braun werden.

2. Für die Essig-Zucker-Lösung Essig, Wasser, Kandis, Gewürznelken, Zimtstange, Ingwer und Sternanis in einem Topf zum Kochen bringen, bis der Zucker vollständig aufgelöst ist.

3. Birnen portionsweise in der Essig-Zucker-Lösung fast weich kochen lassen. Birnen mit einem Schaumlöffel herausnehmen und in vorbereitete Drahtbügelgläser füllen.

4. Den Sud etwas einkochen lassen und über die Birnen gießen. Danach die Gläser mit den Deckeln verschließen.

5. Den Saft nach 3 Tagen abgießen und in einem Topf dick einkochen lassen. Den Topf von der Kochstelle nehmen. Einmach-Hilfe unterrühren.

6. Den Saft über die Birnen gießen. Die Gläser nach dem Erkalten jeweils mit Gummiring und Deckel verschließen.

INGWERGELEE

Zubereitungszeit: 35 Minuten
Garzeit: etwa 30 Minuten
Haltbarkeit: kühl und dunkel gestellt etwa 1 Jahr

ZUTATEN FÜR 5–6 GLÄSER JE ETWA 200 ML

150 g Ingwer (vorbereitet gewogen)
1 große Bio-Orange (unbehandelt, ungewachst)
800 ml Wasser
1–2 große Orangen
1 Beutel Gelfix Classic 1:1 (20 g)
1 kg Zucker

INSGESAMT:

E: 0 g, F: 0 g, Kh: 1013 g, kcal: 4131

1. Ingwer schälen, in feine Streifen schneiden, 150 g abwiegen und in einen Kochtopf geben.

2. Bio-Orange waschen, abtrocknen und die Schale dünn abschälen. Orangenschale, Ingwerstreifen und Wasser in einen Topf geben, zum Kochen bringen und zugedeckt etwa 30 Minuten kochen lassen (es darf kein Dampf entweichen). In ein Sieb geben und die Flüssigkeit dabei auffangen. Dann 2 Esslöffel Ingwerstreifen aus dem Sieb nehmen und beiseitestellen.

3. Alle Orangen auspressen, 200 ml Saft abmessen, mit der Ingwerflüssigkeit auf 850 ml auffüllen.

4. Gelfix Classic zuerst mit 2 Esslöffeln von der abgewogenen Zuckermenge mischen, dann mit der abgemessenen Ingwer-Orangen-Flüssigkeit und den Ingwerstreifen verrühren.

5. Die Zutaten unter ständigem Rühren bei starker Hitze zum Kochen bringen. Sobald alles bei ständigem Rühren sprudelnd kocht, restlichen Zucker hinzufügen. Alles unter Rühren wieder zum Kochen bringen und mindestens 3 Minuten unter ständigem Rühren sprudelnd kochen lassen. Topf von der Kochstelle nehmen.

6. Das Kochgut eventuell abschäumen und sofort randvoll in vorbereitete Gläser füllen. Gläser mit Twist-off-Deckeln® verschließen, umdrehen und etwa 5 Minuten auf dem Deckel stehen lassen.

HOMEMADE

INGWER-KÜRBIS, EINGELEGT

◔ Zubereitungszeit: 70 Minuten, ohne Durchziehzeit
Haltbarkeit: kühl und dunkel gestellt etwa 1 Jahr
▲ Mit Alkohol

ZUTATEN FÜR 4–5 GLÄSER JE ETWA 1 L

3 kg Kürbis
1 Stück Ingwer (etwa 80 g)
Schale von 1 Bio-Zitrone (unbehandelt, ungewachst)
100 g Zitronat (gewürfelt)
750 ml Weißweinessig
375 ml Weißwein, 800 g Zucker
2 Zimtstangen, 1 EL Gewürznelken

INSGESAMT:

E: 37 g, F: 8 g, Kh: 990 g, kcal: 4187

1. Kürbis schälen und halbieren. Die Kerne mit einem Löffel herauskratzen. Das Kürbisfleisch in kleine Würfel schneiden. Ingwer schälen und in dünne Scheiben schneiden. Zitronenschale in feine Streifen schneiden. Ingwerscheiben, Zitronenschalenstreifen und Zitronatwürfel mit Essig, Wein, Zucker, Zimt und Nelken in einem Topf zum Kochen bringen.

2. Kürbiswürfel hinzugeben, wieder zum Kochen bringen und glasig kochen. Den Topf von der Kochstelle nehmen. Kürbis in dem Sud erkalten und etwa 24 Stunden durchziehen lassen.

3. Die Kürbiswürfel mit einem Schaumlöffel herausnehmen und in vorbereitete Gläser füllen. Die Essig-Zucker-Lösung erhitzen und heiß über die Kürbiswürfel gießen. Die Gläser sofort mit Twist-off-Deckeln® verschließen, umdrehen und etwa 5 Minuten auf den Deckeln stehen lassen.

INGWERLIKÖR

(REZEPT OHNE FOTO)

◔ Zubereitungszeit: 25 Minuten, ohne Abkühlzeit
Garzeit: etwa 10 Minuten
Durchziehzeit: etwa 5 Tage
Haltbarkeit: gekühlt etwa 6 Monate
▲ Mit Alkohol

ZUTATEN FÜR 1 GLAS ETWA 1,5 L

120 g Ingwer
700 ml heller Traubensaft
250 g Zucker
500 ml Weingeist/Ethanol (hochprozentiger Alkohol aus der Apotheke, 90 Vol.-%)

INSGESAMT:

E: 0 g, F: 0 g, Kh: 369 g, kcal: 2653

1. Ingwer schälen und in kleine Würfel schneiden.

2. Traubensaft mit Zucker und Ingwerwürfeln in einem Topf zum Kochen bringen und etwa 10 Minuten kochen. Anschließend etwas abkühlen lassen, durch ein feines Sieb gießen. Die Flüssigkeit dabei auffangen und mit dem Weingeist verrühren.

3. Ingwerlikör in gründlich gereinigte, gespülte Flaschen füllen, fest verschließen und an einem kühlen, dunklen Ort (am besten im Keller) etwa 5 Tage durchziehen lassen.

JOHANNISBEER-ANANAS-FRUCHTAUFSTRICH

Zubereitungszeit: 25 Minuten,
ohne Entsaftungs- und Abkühlzeit
Haltbarkeit: kühl und dunkel gestellt
3–4 Monate

ZUTATEN FÜR 6 GLÄSER JE ETWA 200 ML

950 ml Johannisbeersaft (von etwa 1,6 kg roten und schwarzen Johannisbeeren)
300 g Ananas-Fruchtfleisch (vorbereitet gewogen)
3 Lorbeerblätter
500 g Super Gelierzucker 3:1

INSGESAMT:

E: 11 g, F: 2 g, Kh: 749 g, kcal: 3158

1. Die Johannisbeeren waschen, abtropfen lassen, mithilfe eines Schnellkochtopfes oder Dampfentsafters entsaften (Gebrauchsanleitung des Geräteherstellers beachten). Saft abkühlen lassen und 950 ml abmessen.

2. Von der Ananas Blatt- und Strunkende entfernen. Dann die schuppige Schale möglichst dick abschneiden, damit die „Augen“ mitentfernt werden. Die Ananas zuerst in Scheiben schneiden, dann mit einem Ausstechförmchen die holzige Mitte ausstechen. Ananasscheiben in kleine Stücke schneiden und 300 g abwiegen.

3. Johannisbeersaft, Ananasstücke und Lorbeerblätter in einem großen Kochtopf mit Super Gelierzucker gut verrühren.

4. Alles unter Rühren bei starker Hitze zum Kochen bringen und unter ständigem Rühren mindestens 3 Minuten sprudelnd kochen lassen. Topf von der Kochstelle nehmen.

5. Kochgut eventuell abschäumen und Lorbeerblätter entfernen. Kochgut sofort randvoll in vorbereitete Gläser füllen.

6. Gläser mit Twist-off-Deckeln® verschließen, umdrehen und etwa 5 Minuten auf den Deckeln stehen lassen.

TIPP:

Nach Belieben können Sie auch etwas Ingwer schälen, fein reiben und anschließend 1 Teelöffel davon vor dem Kochen hinzufügen.

JOHANNISBEER-APFEL-GELEE (IM FOTO RECHTS)

Zubereitungszeit: 30 Minuten, ohne Entsaftungs- und Abkühlzeit
Haltbarkeit: kühl und dunkel gestellt 3–4 Monate

ZUTATEN FÜR 4 GLÄSER JE ETWA 200 ML

600 ml Johannisbeersaft (von etwa 1 ¼ kg roten Johannisbeeren)
150 ml klarer Apfelsaft (Handelsware)
500 g Extra Gelierzucker 2:1

INSGESAMT:

E: 6 g, F: 1 g, Kh: 544 g, kcal: 2274

1. Johannisbeeren abspülen, gut abtropfen lassen und verlesen. Johannisbeeren mithilfe eines Schnellkochtopfes oder Dampfentsafters entsaften (dabei die Gebrauchsanleitung des Geräteherstellers beachten). Von dem erkalteten Johannisbeersaft 600 ml abmessen.

2. Johannisbeer-, Apfelsaft und Gelierzucker in einem großen Topf gut verrühren. Alles unter Rühren bei starker Hitze zum Kochen bringen, unter ständigem Rühren mindestens 3 Minuten sprudelnd kochen lassen. Den Topf von der Kochstelle nehmen.

3. Kochgut evtl. abschäumen und sofort randvoll in vorbereitete Gläser füllen. Gläser mit Twist-off-Deckeln® verschließen, umdrehen und etwa 5 Minuten auf den Deckeln stehen lassen.

REZEPTVARIANTE:

Johannisbeergelee mit Birnenstückchen
250 ml Johannisbeersaft durch 250 g Birnenstückchen ersetzen. Die Gläser während des Erkaltens gelegentlich drehen, damit sich die Birnenstückchen besser im Gelee verteilen.

JOHANNISBEERGELEE (IM FOTO LINKS)

Zubereitungszeit: 40 Minuten, ohne Entsaftungs- und Abkühlzeit
Haltbarkeit: kühl und dunkel gestellt 3–4 Monate

ZUTATEN FÜR 5 GLÄSER JE ETWA 200 ML

1 l Johannisbeersaft (von etwa 1 ½ kg roten Johannisbeeren)
500 g Extra Gelierzucker 2:1

INSGESAMT:

E: 10 g, F: 2 g, Kh: 551 g, kcal: 2350

1. Zum Vorbereiten Johannisbeeren abspülen, abtropfen lassen, mithilfe eines Schnellkochtopfes oder Dampfentsafters Saft gewinnen (Gebrauchsanleitung des Geräteherstellers beachten), abkühlen lassen und 1 l Saft abmessen.

2. Fruchtsaft mit Extra Gelierzucker in einem Kochtopf gut verrühren. Alles bei starker Hitze unter Rühren zum Kochen bringen, mindestens 3 Minuten unter ständigem Rühren sprudelnd kochen lassen. Den Topf von der Kochstelle nehmen.

3. Kochgut evtl. abschäumen und sofort randvoll in vorbereitete Gläser füllen. Gläser mit Twist-off-Deckeln® verschließen, umdrehen und etwa 5 Minuten auf dem Deckel stehen lassen.

JOHANNISBEERGELEE MIT ROSMARIN (REZEPT OHNE FOTO)

Zubereitungszeit: 45 Minuten, ohne Saftzieh- und Abtropfzeit
Haltbarkeit: kühl und dunkel gestellt 3–4 Monate

ZUTATEN FÜR 4 GLÄSER JE ETWA 200 ML

500 g Johannisbeeren (vorbereitet gewogen)
300 ml Wasser
250 ml klarer Apfelsaft (Handelsware)
1 TL fein geschnittene Rosmarinnadeln
500 g Zucker
1 Beutel Gelfix Extra 2:1 (25 g)

INSGESAMT:

E: 4 g, F: 1 g, Kh: 558 g, kcal: 2296

1. Johannisbeeren putzen, abspülen, trocken tupfen und entstielen. Von den Johannisbeeren 500 g abwiegen und in einen Topf geben. Wasser hinzugießen und zum Kochen bringen. Den Topf von der Kochstelle nehmen. Johannisbeermasse etwa 10 Minuten ziehen lassen.

2. Ein großes Küchensieb mit einem feuchten Geschirrtuch (Mulltuch) auslegen und über eine Schüssel hängen. Die Johannisbeermasse hineingeben und abtropfen lassen, dabei den Saft auffangen.

3. Anschließend die Johannisbeermasse mithilfe des Geschirrtuches ausdrücken und ebenfalls den Saft auffangen. Von dem Saft insgesamt 500 ml abmessen und in einen großen Kochtopf geben. Apfelsaft und Rosmarin unterrühren.

4. Die abgewogene Zuckermenge mit Gelfix Extra mischen, dann mit der Johannisbeer-Apfelsaft-Mischung gut verrühren.

5. Die Zutaten unter Rühren bei starker Hitze zum Kochen bringen und unter ständigem Rühren mindestens 3 Minuten sprudelnd kochen lassen. Den Topf von der Kochstelle nehmen.

6. Das Kochgut evtl. abschäumen und sofort randvoll in vorbereitete Gläser füllen.

7. Die Gläser mit Twist-off-Deckeln® verschließen, umdrehen und etwa 5 Minuten auf den Deckeln stehen lassen.

TIPPS:

Statt der frischen Johannisbeeren können auch TK-Johannisbeeren verwendet werden.
Statt 250 ml Apfelsaft 125 ml Weißwein und 125 ml Apfelsaft verwenden.
Das Gelee zu geräuchertem Fleisch, z. B. Gänsebrust, reichen.

JOHANNISBEERGELEE MIT ZITRONENTHYMIAN

Zubereitungszeit: 45 Minuten, ohne Entsaftungs- und Abkühlzeit
Haltbarkeit: kühl und dunkel gestellt 3–4 Monate

ZUTATEN FÜR 5 GLÄSER JE ETWA 200 ML

900 ml Johannisbeersaft (von etwa 1 ½ kg roten Johannisbeeren, vorbereitet gewogen)
4 Stängel Zitronenthymian
500 g Extra Gelierzucker 2:1

INSGESAMT:

E: 8 g, F: 1 g, Kh: 694 g, kcal: 2899

1. Die Johannisbeeren abspülen, abtropfen lassen und verlesen. Die Johannisbeeren im Schnellkochtopf oder Dampfentsafter entsaften (Gebrauchsanleitung des Geräteherstellers beachten) und 900 ml Saft abmessen.

2. Zitronenthymian abspülen und trocken tupfen. Die Blättchen von den Stängeln zupfen.

3. Fruchtsaft und Extra Gelierzucker in einem großen Kochtopf gut verrühren. Die Zutaten unter Rühren bei starker Hitze zum Kochen bringen und unter ständigem Rühren mindestens 3 Minuten sprudelnd kochen lassen. Den Topf von der Kochstelle nehmen.

4. Das Kochgut evtl. abschäumen. Thymianblättchen unter das Gelee rühren und sofort randvoll in vorbereitete Gläser füllen.

5. Die Gläser mit Twist-off-Deckeln® verschließen, umdrehen und etwa 5 Minuten auf den Deckeln stehen lassen.

6. Die Gläser während des Erkaltens gelegentlich umdrehen, damit sich die Thymianblättchen gleichmäßig verteilen.

TIPPS:

Rühren Sie bei Punkt 3 noch 1 Päckchen Bourbon-Vanille-Zucker mit dem Gelierzucker unter den Fruchtsaft.
Oder ersetzen Sie 400 ml Johannisbeersaft durch 400 ml trockenen Weißwein.
Das Gelee schmeckt wunderbar auf dunklem Brot oder Pumpernickel oder zu kurz gebratenem Fleisch oder frittierten Geflügelstücken.
Bereiten Sie das Gelee einmal je zur Hälfte aus roten und schwarzen Johannisbeeren zu.

KAKTUSFEIGEN-KONFITÜRE

(REZEPT OHNE FOTO)

- Zubereitungszeit: 50 Minuten
  Haltbarkeit: kühl und dunkel gestellt 3–4 Monate

ZUTATEN FÜR 5 GLÄSER JE ETWA 200 ML

1 kg Kaktusfeigen-Fruchtfleisch (vorbereitet gewogen, von 15–18 Kaktusfeigen je 150 g)
2 EL Limetten- oder Zitronensaft
500 g Extra Gelierzucker 2:1
1 Pck. Zitronensäure (5 g)

INSGESAMT:

E: 10 g, F: 4 g, Kh: 564 g, kcal: 2371

1. Kaktusfeigen der Länge nach halbieren und das Fruchtfleisch mit einem Löffel herauslösen. Vorsicht, sollte die Kaktusfeigenschale noch mit Stacheln behaftet sein, nehmen Sie zum Halten der Früchte jeweils eine Gabel oder einen Küchenhandschuh.

2. Das Fruchtfleisch in große Stücke schneiden, in einen großen Kochtopf geben und mit einem Stabmixer pürieren. Limetten- oder Zitronensaft und Extra Gelierzucker gut unterrühren.

3. Die Zutaten unter Rühren bei starker Hitze zum Kochen bringen und unter ständigem Rühren mindestens 3 Minuten sprudelnd kochen lassen. Den Topf von der Kochstelle nehmen.

4. Das Kochgut evtl. abschäumen. Die Zitronensäure unterrühren.

5. Kochgut sofort randvoll in vorbereitete Gläser füllen. Gläser mit Twist-off-Deckeln® verschließen, umdrehen und etwa 5 Minuten auf den Deckeln stehen lassen.

TIPP:

Im Handel bekommen Sie verschiedene Kaktusfeigen-Sorten. Kaktusfeigen aus Mexiko sind außen sowie innen dunkelrot oder mit weißlich-grünem Fruchtfleisch. Die Kaktusfeigen aus Spanien haben gelb-orangefarbiges Fruchtfleisch.

KAPSTACHELBEER-KONFITÜRE MIT MANGO UND ANANAS

Zubereitungszeit: 40 Minuten
Haltbarkeit: kühl und dunkel gestellt etwa 1 Jahr

ZUTATEN FÜR 5 GLÄSER JE ETWA 200 ML

400 g Physalis
(Kapstachelbeeren, vorbereitet gewogen)
300 g reife Mango (vorbereitet gewogen)
300 g frische Ananasscheiben
(aus dem Kühlregal, vorbereitet gewogen)
500 g brauner Rohrzucker
1 Beutel Gelfix Extra 2:1 (25 g)

INSGESAMT:

E: 12 g, F: 6 g, Kh: 631 g, kcal: 2674

1. Die Physalis aus den Hüllen lösen und entstielen. Die Physalis abspülen, gut abtropfen lassen, in kleine Stücke schneiden und 400 g abwiegen. Die Mangos jeweils in der Mitte längs durchschneiden und den Stein herauslösen. Mangohälften schälen, in kleine Stücke schneiden und 300 g abwiegen. Ananasscheiben in kleine Stücke schneiden, den Saft dabei auffangen und insgesamt 300 g abwiegen.

2. Vorbereitete Fruchtstücke in einen großen Kochtopf geben. Die abgewogene Zuckermenge mit Gelfix Extra mischen, dann mit den Fruchtstücken gut verrühren.

3. Die Zutaten unter Rühren bei starker Hitze zum Kochen bringen und unter ständigem Rühren mindestens 3 Minuten sprudelnd kochen lassen. Den Topf von der Kochstelle nehmen.

4. Das Kochgut evtl. abschäumen und sofort randvoll in vorbereitete Gläser füllen. Die Gläser mit Twist-off-Deckeln® verschließen, umdrehen und etwa 5 Minuten auf den Deckeln stehen lassen.

TIPP:

Je 1 Prise gemahlenen Zimt und gemahlenen Koriander unter die Fruchtstücke rühren.

KARIBIK-KONFITÜRE

Zubereitungszeit: 50 Minuten
Haltbarkeit: kühl und dunkel gestellt 3–4 Monate

ZUTATEN FÜR 7–8 GLÄSER JE ETWA 200 ML

je 1 kleine Mango und Papaya
1 große Banane
½ reife Ananas
100 g Physalis
6–7 Kumquats (etwa 50 g)
1 Stängel Zitronengras
1 Beutel Gelfix Classic 1:1 (20 g)
700 g Rohrzucker, hell
450 g Zucker

INSGESAMT:

E: 8 g, F: 3 g, Kh: 1264 g, kcal: 5205

1. Mango und Papaya halbieren, entkernen und schälen. Banane schälen. Von der Ananas das Blatt- und Strunkende entfernen. Die schuppige Schale möglichst dick abschneiden, damit die „Augen" mitentfernt werden. Ananas vierteln, jeweils den mittleren Strunk entfernen. Von den Physalis jeweils die Blätter entfernen. Physalis waschen und gut abtropfen lassen. Die Kumquats waschen, gut abtropfen lassen, halbieren und entkernen. Vorbereitete Früchte in kleine Würfel schneiden und 1 kg abwiegen.

2. Von dem Zitronengras die äußeren harten Blätter entfernen. Zitronengras in sehr feine Streifen schneiden und 1 gehäuften Esslöffel davon abmessen.

3. Abgewogenes Fruchtfleisch mit Zitronengras in einen großen Kochtopf geben. Gelfix Classic zuerst mit 2 Esslöffeln des Rohrzuckers mischen, dann mit der Fruchtmasse gut verrühren.

4. Das Kochgut unter Rühren bei starker Hitze zum Kochen bringen. Sobald alles bei ständigem Rühren sprudelnd kocht, restlichen Rohrzucker und Zucker hinzufügen.

5. Alles unter Rühren wieder zum Kochen bringen und unter ständigem Rühren mindestens 3 Minuten sprudelnd kochen lassen. Topf von der Kochstelle nehmen.

6. Das Kochgut eventuell abschäumen und sofort randvoll in vorbereitete Gläser füllen. Die Gläser mit Twist-off-Deckeln® verschließen, umdrehen und etwa 5 Minuten auf den Deckeln stehen lassen.

TIPP:

Karibik-Konfitüre eignet sich als Tortenfüllung oder als Zugabe zu Geflügelpasteten.

KARTOFFELKONFITÜRE MIT APFELNOTE

● Zubereitungszeit: 20 Minuten
Haltbarkeit: kühl und dunkel gestellt etwa 6 Monate
▲ Mit Alkohol

ZUTATEN FÜR 7 GLÄSER JE ETWA 200 ML

etwa 500 g mehligkochende Kartoffeln
etwa 400 g Äpfel
500 ml Cidre (franz. Apfelwein) oder Apfelsaft
2 Pck. Zitronensäure (10 g)
1 Pck. Bourbon-Vanille-Zucker
500 g Extra Gelierzucker 2:1

INSGESAMT:

E: 9 g, F: 1 g, Kh: 634 g, kcal: 2760

1. Kartoffeln schälen, auf einer feinen Reibe musig reiben und 400 g abwiegen. Äpfel schälen, vierteln, entkernen und ebenfalls sehr fein reiben, 300 g davon abwiegen.

2. Kartoffel- und Apfelmus mit Cidre oder Saft, Zitronensäure, Vanille-Zucker und Gelierzucker in einem Topf mischen.

3. Alles unter Rühren bei starker Hitze zum Kochen bringen und unter ständigem Rühren mindestens 5 Minuten sprudelnd kochen. Topf von der Kochstelle nehmen.

4. Das Kochgut evtl. abschäumen und sofort randvoll in vorbereitete Gläser füllen.

5. Die Gläser mit Twist-off- Deckeln® verschließen, umdrehen und etwa 5 Minuten auf den Deckeln stehen lassen.

KIRSCH-BANANEN-KONFITÜRE

◔ Zubereitungszeit: 45 Minuten
Haltbarkeit: kühl und dunkel gestellt etwa 1 Jahr
▲ Mit Alkohol

ZUTATEN FÜR 7 GLÄSER JE ETWA 200 ML

850 g Süßkirschen (vorbereitet gewogen)
150 g Bananen (vorbereitet gewogen)
125 ml Kirschnektar
125 ml Bananennektar
125 ml Sherry
1 Pck. Zitronensäure (5 g)
500 g Super Gelierzucker 3:1

INSGESAMT:

E: 10 g, F: 3 g, Kh: 668 g, kcal: 2947

1. Kirschen waschen, abtropfen lassen, entstielen, entsteinen und 850 g abwiegen. Kirschen mit einem Stabmixer grob pürieren. Bananen schälen, in kleine Stücke schneiden und 150 g abwiegen.

2. Die vorbereiteten Früchte, Kirsch-, Bananennektar, Sherry und Zitronensäure mit Super Gelierzucker in einem großen Kochtopf gut verrühren. Dann alles unter Rühren bei starker Hitze zum Kochen bringen und unter ständigem Rühren mindestens 3 Minuten sprudelnd kochen lassen. Topf von der Kochstelle nehmen.

3. Kochgut eventuell abschäumen und sofort randvoll in vorbereitete Gläser füllen. Die Gläser mit Twist-off-Deckeln® verschließen, umdrehen und etwa 5 Minuten auf den Deckeln stehen lassen.

TIPP:

125 ml Sherry können durch 125 ml Bananen- oder Kirschnektar ersetzt werden.

KIRSCH-CHUTNEY

(REZEPT OHNE FOTO)

◔ Zubereitungszeit: 20 Minuten
Haltbarkeit: kühl, dunkel und trocken gestellt 2–4 Monate

ZUTATEN FÜR 4 GLÄSER JE ETWA 250 ML

500–600 g Süßkirschen
je 1 rote Paprikaschote, 1 rote Zwiebel
1 walnussgroßes Stück Ingwer
2 Knoblauchzehen
1 kleine, getrocknete rote Chilischote
200 g Sultaninen
1 gestr. TL Meersalz
1 Msp. gem. Zimt
250 g Zucker
125 ml Obst- oder Sherryessig

INSGESAMT:

E: 13 g, F: 4 g, Kh: 462 g, kcal: 2023

1. Kirschen waschen, abtropfen lassen, entstielen und entsteinen. Paprikaschote halbieren, entstielen, entkernen und die weißen Scheidewände entfernen. Schotenhälften waschen, trocken tupfen und in sehr kleine Würfel schneiden. Zwiebel abziehen und ebenfalls in sehr kleine Würfel schneiden. Ingwer schälen und fein reiben. Knoblauch abziehen und sehr klein würfeln. Chilischote klein hacken.

2. Vorbereitete Zutaten in einen großen Topf geben. Restliche Zutaten hinzufügen, gut vermischen, unter Rühren zum Kochen bringen und etwa 30 Minuten bei schwacher Hitze unter gelegentlichem Rühren leicht köcheln lassen.

3. Chutney sofort randvoll in vorbereitete Gläser füllen, mit Twist-off-Deckeln® verschließen, umdrehen und etwa 5 Minuten auf den Deckeln stehen lassen.

KIRSCHGELEE, WÜRZIGES

Zubereitungszeit: 15 Minuten, ohne Entsaftungs- und Abkühlzeit
Haltbarkeit: kühl und dunkel gestellt 3–4 Monate

ZUTATEN FÜR 5 GLÄSER JE ETWA 200 ML

900 ml Sauerkirschsaft
(von etwa 1 ½ kg Sauerkirschen)
2 Pck. Vanillin-Zucker
1 Pck. Zitronensäure (5 g)
1 Msp. gem. Zimt
1–2 Lorbeerblätter
500 g Extra Gelierzucker 2:1

INSGESAMT:

E: 7 g, F: 3 g, Kh: 609 g, kcal: 2570

1. Sauerkirschen waschen, abtropfen lassen, entstielen, entsteinen und mithilfe eines Schnellkochtopfes oder Dampfentsafters entsaften (Gebrauchsanleitung des Geräteherstellers beachten). Saft abkühlen lassen und 900 ml abmessen.

2. Kirschsaft mit Vanillin-Zucker, Zitronensäure, Zimt und Lorbeerblättern in einem Kochtopf mit Extra Gelierzucker gut verrühren. Alles unter Rühren bei starker Hitze zum Kochen bringen und unter ständigem Rühren mindestens 3 Minuten sprudelnd kochen lassen. Anschließend den Topf von der Kochstelle nehmen. Lorbeerblätter entfernen.

4. Kochgut evtl. abschäumen und sofort randvoll in vorbereitete Gläser füllen. Gläser mit Twist-off-Deckeln® verschließen, umdrehen und etwa 5 Minuten auf den Deckeln stehen lassen.

KIRSCH-JOHANNISBEER-KONFITÜRE

Zubereitungszeit: 35 Minuten, ohne Entsaftungs- und Abkühlzeit
Haltbarkeit: kühl und dunkel gestellt 3–4 Monate

ZUTATEN FÜR 5 GLÄSER JE ETWA 200 ML

500 ml Johannisbeersaft
(von etwa 800 g roten Johannisbeeren)
500 g Sauerkirschen (vorbereitet gewogen)
30 g Pinienkerne
1 Pck. Bourbon-Vanille-Aroma
500 g Extra Gelierzucker 2:1

INSGESAMT:

E: 16 g, F: 18 g, Kh: 661 g, kcal: 2959

1. Johannisbeeren waschen, abtropfen lassen, mithilfe eines Schnellkochtopfes oder Dampfentsafters entsaften (Gebrauchsanleitung des Geräteherstellers beachten). Saft abkühlen lassen und 500 ml abmessen.

2. Die Kirschen waschen, abtropfen lassen, entstielen, entsteinen, halbieren und 500 g abwiegen. Die Pinienkerne in einer Pfanne ohne Fett goldgelb rösten und auf einem Teller erkalten lassen.

3. Johannisbeersaft, Kirschen, Pinienkerne und Aroma in einem großen Kochtopf mit Extra Gelierzucker gut verrühren.

4. Die Zutaten unter Rühren bei starker Hitze zum Kochen bringen und unter ständigem Rühren mindestens 3 Minuten sprudelnd kochen lassen. Topf von der Kochstelle nehmen.

5. Kochgut eventuell abschäumen und sofort randvoll in vorbereitete Gläser füllen.

6. Gläser mit Twist-off-Deckeln® verschließen, umdrehen und etwa 5 Minuten auf den Deckeln stehen lassen.

7. Gläser während des Erkaltens gelegentlich umdrehen, damit sich die Pinienkerne und Kirschen gleichmäßig verteilen.

TIPPS:

Die Haltbarkeit wird durch die Zugabe von Pinienkernen verkürzt, da sie Fett enthalten.
Statt der Pinienkerne können Sie auch gestiftelte Mandeln verwenden.

KIWI-BIRNEN-KONFITÜRE MIT PFEFFERMINZLIKÖR

◷ Zubereitungszeit: 40 Minuten
Haltbarkeit: kühl und dunkel gestellt etwa 1 Jahr
▲ Mit Alkohol

ZUTATEN FÜR 5 GLÄSER JE ETWA 200 ML

450 g Kiwis (vorbereitet gewogen)
300 g Birnen (vorbereitet gewogen)
100 g kernlose grüne Weintrauben (vorbereitet gewogen)
100 ml Pfefferminzlikör
500 g Extra Gelierzucker 2:1

INSGESAMT:

E: 7 g, F: 4 g, Kh: 601 g, kcal: 2715

1. Kiwis schälen, halbieren, in Stücke schneiden und abwiegen. Die Birnen schälen, halbieren, entkernen, in kleine Würfel schneiden und 300 g abwiegen. Weintrauben waschen, gut abtropfen lassen, entstielen, halbieren und 100 g abwiegen.

2. Vorbereitete Fruchtstücke mit Likör in einen großen Topf geben und mit Gelierzucker verrühren. Die Zutaten unter Rühren bei starker Hitze zum Kochen bringen und mindestens 3 Minuten unter ständigem Rühren sprudelnd kochen lassen. Topf von der Kochstelle nehmen.

3. Kochgut eventuell abschäumen und sofort randvoll in vorbereitete Gläser füllen. Gläser mit Twist-off-Deckeln® verschließen, umdrehen und etwa 5 Minuten auf dem Deckel stehen lassen.

TIPP:

Konfitüre zu Käse oder zu Wildbraten reichen.

KIWI-STACHELBEER-KONFITÜRE

- Zubereitungszeit: 30 Minuten
  Haltbarkeit: kühl und dunkel gestellt etwa 1 Jahr
- ▲ Mit Alkohol

ZUTATEN FÜR 5 GLÄSER JE ETWA 200 ML

500 g Kiwis (vorbereitet gewogen)
400 g grüne Stachelbeeren (vorbereitet gewogen)
100 ml grüner Kiwi-Likör
1 Pck. Zitronensäure (5 g)
500 g Extra Gelierzucker 2:1

INSGESAMT:

E: 8 g, F: 4 g, Kh: 606 g, kcal: 2779

1. Kiwis schälen, vierteln, in feine Scheiben schneiden und 500 g abwiegen. Stachelbeeren waschen, gut abtropfen lassen, Stiel- und Blütenansätze entfernen. Stachelbeeren halbieren und 400 g abwiegen.

2. Früchte, Likör und Zitronensäure in einem großen Kochtopf mit Extra Gelierzucker gut verrühren.

3. Alles unter Rühren bei starker Hitze zum Kochen bringen und unter ständigem Rühren mindestens 3 Minuten sprudelnd kochen lassen. Topf von der Kochstelle nehmen.

4. Kochgut eventuell abschäumen und sofort randvoll in vorbereitete Gläser füllen. Gläser mit Twist-off-Deckeln® verschließen, umdrehen und etwa 5 Minuten auf den Deckeln stehen lassen.

KNOBLAUCH-CHILI-ESSIG (REZEPT OHNE FOTO)

Zubereitungszeit: 20 Minuten
Durchziehzeit: 3–4 Wochen
Haltbarkeit: kühl und dunkel gestellt 6–9 Monate

ZUTATEN FÜR 1 FLASCHE ETWA 1 L

12 Knoblauchzehen
12 frische rote Chilischoten
20 Melisse- oder Minzeblätter
1 l Weißweinessig

INSGESAMT:

E: 10 g, F: 1 g, Kh: 23 g, kcal: 293

1. Knoblauch abziehen. Chilischoten waschen und trocken tupfen. Melisse- oder Minzeblättchen abspülen und vorsichtig trocken tupfen. Knoblauch, Chilischoten und Melisseblättchen in die vorbereitete Flasche geben.

2. Die Flasche mit Essig auffüllen und sofort verschließen. Knoblauch-Essig 3–4 Wochen durchziehen lassen.

KNOBLAUCH-CHILI-ÖL

Zubereitungszeit: 20 Minuten
Durchziehzeit: 3–4 Wochen
Haltbarkeit: kühl und dunkel gestellt 6–9 Monate

ZUTATEN FÜR 1 FLASCHE ETWA 1 L

12 Knoblauchzehen
12 frische rote Chilischoten
20 Melisse- oder Minzeblätter
1 l Olivenöl

INSGESAMT:

E: 6 g, F: 997 g, Kh: 19 g, kcal: 8913

1. Knoblauch abziehen. Chilischoten waschen und trocken tupfen. Melisse- oder Minzeblättchen abspülen und vorsichtig trocken tupfen.

2. Knoblauch, Chilischoten und Melisseblättchen in die vorbereitete Flasche geben.

3. Die Flasche mit Olivenöl auffüllen und sofort verschließen. Knoblauch-Chili-Öl 3–4 Wochen durchziehen lassen.

KRÄUTERLIKÖR

- Zubereitungszeit: 20 Minuten, ohne Abkühlzeit
  Durchziehzeit: etwa 2 Wochen
  Haltbarkeit: gekühlt etwa 4 Wochen
- ▲ Mit Alkohol

ZUTATEN FÜR 1 FLASCHE ETWA 1 L

125 ml Wasser
225 g Zucker
1 Stängel Rosmarin
1 Stängel Salbei
1 Stängel Basilikum
1 Stängel Thymian
1 Stängel Pfefferminze
1 Stängel Zitronenmelisse
5 Lorbeerblätter
700 ml Southern Comfort (40 Vol.-%)

INSGESAMT:

E: 0 g, F: 0 g, Kh: 433 g, kcal: 3302

1. Wasser mit Zucker in einem Topf zum Kochen bringen und kurz aufkochen. Die Zuckerlösung erkalten lassen.

2. Kräuterstängel vorsichtig abspülen, trocken tupfen und mit den Lorbeerblättern in eine vorbereitete Flasche geben.

3. Die Zuckerlösung mit Southern Comfort verrühren und in die mit den Kräutern gefüllte Flasche füllen. Dann die Flasche mit einem Flaschenverschluss fest verschließen und kalt gestellt 2 Wochen durchziehen lassen, dabei die Flasche gelegentlich durchschütteln.

4. Nach der Durchziehzeit die Flüssigkeit nach Belieben in eine vorbereitete Flasche abfiltern und die Flasche fest verschließen.

TIPP:

Probieren Sie diesen Likör statt mit Southern Comfort einmal mit Wacholder-Schnaps.

KRÄUTERLIKÖR MIT KAMILLENBLÜTEN

Zubereitungszeit: 15 Minuten
Durchziehzeit: etwa 2 Wochen
Haltbarkeit: gekühlt 6–12 Monate
▲ Mit Alkohol

ZUTATEN FÜR 1 GLAS ETWA 1,2 L

3 Stängel Salbei
2 Stängel Basilikum
2 Stängel Zitronenverbene oder Zitronenmelisse
1 Stängel Rosmarin
3 Stängel Zitronengras
1 Stiel Kamillenblüten
Schale von 1 Bio-Limette
(unbehandelt, ungewachst)
250 g weißer Kandis
1 l Wodka (40 Vol.-%)

INSGESAMT:

E: 0 g, F: 0 g, Kh: 249 g, kcal: 3312

1. Die Kräuter abspülen und trocken tupfen.

2. Limette gründlich heiß abwaschen und abtrocknen. Limettenschale abreiben. Dabei darauf achten, dass nur die grüne Schale und nicht das Weiße abgerieben wird.

3. Kräuter, Limettenschale und Kandis in ein großes, gründlich gereinigtes, gespültes Glas geben, mit dem Wodka übergießen. Das Glas fest verschließen und kurz schütteln.

4. Den Kräuterlikör etwa 2 Wochen an einem kühlen, dunklen Ort (am besten im Keller) durchziehen lassen. Anschließend den Likör durch ein mit einem Geschirrtuch ausgelegtes Sieb gießen, den aufgefangenen Likör in Flaschen füllen und kalt gestellt aufbewahren.

TIPP:

Sie können auch getrocknete Kamillenblüten verwenden.

KRÄUTERÖL, PIKANT

Zubereitungszeit: 15 Minuten
Durchziehzeit: etwa 2 Wochen
Haltbarkeit: kühl und dunkel gestellt 2–3 Monate

ZUTATEN FÜR 1 FLASCHE ETWA 750 ML

1 Bund Dill
1 kleine rote Peperoni
1 EL gerebelter Rosmarin
1 EL gerebelter Thymian
1 TL Currypulver
1 TL Paprikapulver edelsüß
¼ TL Meersalz
750 ml Pflanzenöl, z. B. Sonnenblumenöl

INSGESAMT:

E: 0 g, F: 743 g, Kh: 0 g, kcal: 6563

1. Dill abspülen und trocken tupfen. Die Spitzen von den Stängeln zupfen. Spitzen sehr klein schneiden. Peperoni abspülen, trocken tupfen, halbieren, entkernen und sehr fein hacken.

2. Dill mit Peperoni, Rosmarin, Thymian, Curry, Paprika und Meersalz mischen, in eine vorbereitete Flasche geben, mit Pflanzenöl auffüllen.

3. Die Flasche verschließen und kräftig durchschütteln. Das Kräuteröl mindestens 2 Wochen durchziehen lassen.

4. Kräuteröl durch eine Filtertüte gießen und wieder in die zuvor gesäuberte Flasche füllen. Kräuteröl kühl und dunkel aufbewahren.

KRÄUTER-ÖL-MISCHUNG

Zubereitungszeit: 25 Minuten
Durchziehzeit: etwa 1 Woche
Haltbarkeit: dunkel gestellt 2–3 Wochen

ZUTATEN FÜR 1 FLASCHE ETWA 750 ML

1 Bund Petersilie
3 Zweige Estragon
1 Bund Schnittlauch
je ¼ rote, gelbe und grüne Paprikaschote
½ EL gem. Kümmel
½ EL grob zerdrückter, schwarzer Pfeffer
500 ml Olivenöl

INSGESAMT:

E: 4 g, F: 499 g, Kh: 12 g, kcal: 4480

1. Kräuter vorsichtig abspülen und trocken tupfen. Von der Petersilie und dem Estragon die Blättchen von den Stängeln zupfen. Petersilien- und Estragonblättchen fein hacken. Schnittlauch in kleine Röllchen schneiden.

2. Paprikaviertel entstielen, entkernen und die weißen Scheidewände entfernen. Schotenviertel waschen, trocken tupfen und in Würfel schneiden.

3. Paprikawürfel mit den Kräutern, Kümmel, Pfeffer und Olivenöl verrühren. Die Mischung in eine vorbereitete Flasche geben, verschließen, kräftig durchschütteln und 1 Woche an einem dunklen Ort stehen und durchziehen lassen.

4. Nach Belieben das durchgezogene Kräuteröl durch eine Filtertüte gießen, wieder in die zuvor gesäuberte Flasche füllen und an einem dunklen Ort aufbewahren.

KUMQUATS, EINGELEGT

Zubereitungszeit: 35 Minuten, ohne Abkühlzeit
Durchziehzeit: etwa 12 Stunden
Haltbarkeit: gekühlt 2–3 Wochen
▲ Mit Alkohol

ZUTATEN FÜR 1 GLAS ETWA 1 L

20 Bio-Kumquats (unbehandelt)
4 Ingwerpflaumen (in Sirup eingelegt)
16 Gewürznelken
1 Zimtstange
50 g Pinienkerne
1 EL Minzeblättchen
250 ml Wasser
150 g Zucker
6 EL Orangenlikör

INSGESAMT:

E: 14 g, F: 25 g, Kh: 213 g, kcal: 1289

1. Kumquats gründlich heiß abwaschen und abtrocknen. Kumquats mit einem Zahnstocher mehrmals einstechen und in ein großes, gründlich gereinigtes, gespültes Glas geben.

2. Ingwerpflaumen in einem Sieb abtropfen lassen. Abgetropfte Ingwerpflaumen vierteln, zusammen mit Nelken, Zimt, Pinienkernen und Minzeblättchen zu den Kumquats geben.

3. Wasser mit Zucker in einem Topf zum Kochen bringen und etwa 10 Minuten unter Rühren kochen lassen.

4. Die Kumquats mit der Zuckerlösung übergießen und erkalten lassen.

5. Anschließend den Orangenlikör hinzufügen. Das Glas fest verschließen und im Kühlschrank etwa 12 Stunden durchziehen lassen. Die eingelegten Kumquats kalt und dunkel gestellt aufbewahren.

KÜRBIS, PIKANT EINGEKOCHT

Zubereitungszeit: 50 Minuten, ohne Durchziehzeit
Einkochzeit: etwa 30 Minuten
Haltbarkeit: 6–8 Monate

ZUTATEN FÜR 2 GLÄSER JE ETWA 1 L

2 kg Kürbis, z. B. Hokkaido- oder Muskatkürbis

ZUM MARINIEREN:

(auf je 1 kg Kürbis, vorbereitet gewogen)
125 ml Weißweinessig
125 ml Wasser

FÜR DIE ESSIG-ZUCKER-LÖSUNG:

etwa 175 ml Weißweinessig
etwa 175 ml Wasser
600 g Zucker
Saft und Schale von ½ Bio-Zitrone (unbehandelt, ungewachst)
1 kleines Stück geschälter Ingwer

INSGESAMT:

E: 21 g, F: 3 g, Kh: 665 g, kcal: 2846

1. Kürbis schälen, halbieren und die Kerne mit einem Löffel herauskratzen. Kürbisfleisch in etwa 1 ½ cm große Würfel schneiden und in eine große Schüssel geben.

2. Zum Marinieren Essig und Wasser verrühren, auf den Kürbiswürfeln verteilen, zugedeckt über Nacht kalt stellen und durchziehen lassen.

3. Kürbiswürfel mit einem Schaumlöffel herausnehmen und in einem Sieb gut abtropfen lassen.

4. Für die Essig-Zucker-Lösung Essig, Wasser, Zucker, Zitronensaft, -schale und Ingwer in einem Topf zum Kochen bringen. Kürbiswürfel darin portionsweise 8–10 Minuten glasig kochen (nicht zu weich werden lassen).

5. Die Kürbiswürfel mit einem Schaumlöffel herausnehmen und in vorbereitete Einkochgläser füllen. Die Essig-Zucker-Lösung abkühlen lassen. Die Gläser mit der Essig-Zucker-Lösung auffüllen.

6. Jeweils Gummiring und Deckel nass auf den gesäuberten Glasrand legen, mit Bügel oder Feder verschließen. Gläser auf einem Einsatz in den Einkochtopf stellen, so viel kaltes Wasser hinzugießen, dass die Gläser zu ¾ von Wasser umgeben sind.

7. Den Topf verschließen. Die Kürbiswürfel etwa 30 Minuten bei etwa 75 °C einkochen.

TIPP:

Kürbis zu gebratenem Fisch oder Sülze mit Bratkartoffeln reichen.

KÜRBIS-APFEL-KONFITÜRE

(REZEPT OHNE FOTO)

Zubereitungszeit: 45 Minuten
Haltbarkeit: kühl und dunkel gestellt
3–4 Monate

ZUTATEN FÜR 5 GLÄSER JE ETWA 200 ML

500 g Kürbisfleisch
(vorbereitet gewogen, z. B. Hokkaido)
500 g Äpfel (vorbereitet gewogen)
500 g Zucker
1 Beutel Gelfix Extra 2:1 (25 g)
1 Pck. Vanillin-Zucker

INSGESAMT:

E: 7 g, F: 3 g, Kh: 608 g, kcal: 2504

1. Den Kürbis längs halbieren und die Kerne entfernen. Kürbishälften evtl. schälen, zuerst in Spalten, dann in sehr kleine Stücke schneiden und 500 g abwiegen.

2. Äpfel schälen, vierteln, entkernen, in dünne Scheiben schneiden und 500 g abwiegen.

3. Kürbisstücke und Apfelscheiben in einen großen Kochtopf geben. Zucker mit Gelfix Extra und Vanillin-Zucker mischen, dann mit der Kürbis-Apfel-Masse verrühren.

4. Die Zutaten unter Rühren bei starker Hitze zum Kochen bringen und unter ständigem Rühren mindestens 3 Minuten sprudelnd kochen lassen. Den Topf von der Kochstelle nehmen.

5. Das Kochgut evtl. abschäumen und sofort randvoll in vorbereitete Gläser füllen.

6. Die Gläser mit Twist-off-Deckeln® verschließen, umdrehen und etwa 5 Minuten auf den Deckeln stehen lassen.

KÜRBIS-APFEL-RELISH MIT JAMAIKAPFEFFER

Zubereitungszeit: 35 Minuten
Haltbarkeit: kühl und dunkel gestellt
3–6 Monate
▲ Mit Alkohol

ZUTATEN FÜR 3 GLÄSER JE ETWA 500 ML

500 g Äpfel, süßsauer (von etwa 4 großen
Äpfeln, vorbereitet gewogen)
500 g Hokkaido-Kürbis
(von etwa 750 g Kürbis, vorbereitet gewogen)
250 g Zwiebeln
1 kleines Bund Dill
100 g Zucker
200 ml Obstessig oder weißer Balsamico-Essig
200 ml Apfelsaft (Handelsware)
1 Msp. gem. Piment (Jamaikapfeffer)
Salz
gem. Pfeffer

INSGESAMT:

E: 11 g, F: 2 g, Kh: 254 g, kcal: 1127

1. Äpfel schälen, vierteln und entkernen. Die Apfelviertel in etwa 1 cm große Würfel schneiden und 500 g abwiegen.

2. Kürbis abspülen, abtropfen lassen, halbieren und die Kerne mit einem Löffel herausschaben. Kürbishälften mit Schale ebenfalls in etwa 1 cm große Würfel schneiden und 500 g abwiegen.

3. Zwiebeln abziehen und klein würfeln. Dill abspülen und trocken tupfen. Die Spitzen von den Stängeln zupfen, Spitzen klein schneiden.

4. Zucker in einem Topf goldgelb karamellisieren. Apfel-, Kürbis- und Zwiebelwürfel hinzugeben und 1–2 Minuten unter Rühren andünsten. Mit Essig und Apfelsaft ablöschen.

5. Die Zutaten bei mittlerer Hitze etwa 15 Minuten unter ständigem Rühren kochen. Piment unterrühren und weitere etwa 5 Minuten kochen lassen. Kurz vor Ende der Garzeit den Dill unterrühren. Mit Salz und Pfeffer abschmecken.

6. Relish sofort randvoll in vorbereitete Gläser füllen. Gläser mit Twist-off-Deckeln® verschließen, umdrehen und etwa 5 Minuten auf den Deckeln stehen lassen.

TIPP:

Kürbis-Apfel-Relish passt gut zu gegrilltem Fleisch oder Fisch oder zum Würzen von Currygerichten.

KÜRBIS-CHUTNEY

◐ Zubereitungszeit: 90 Minuten
Haltbarkeit: kühl und dunkel gestellt etwa 6 Monate
▲ Mit Alkohol

ZUTATEN FÜR 3 GLÄSER JE ETWA 200 ML

350 g Kürbis
(von etwa 500 g Kürbis, vorbereitet gewogen)
150 g Ananas-Fruchtfleisch
(von etwa 300 g Ananas, vorbereitet gewogen)
200 g Zwiebeln (vorbereitet gewogen)
100 g Paprikaschoten (von etwa 150 g Paprikaschoten, vorbereitet gewogen)
50 ml Apfelsaft (Handelsware)
2 Lorbeerblätter
125 g Extra Gelierzucker 2:1
125 ml Apfelessig
20 g Salz
1 gestr. TL Currypulver
je ½ gestr. TL Cayennepfeffer, weißer Pfeffer, Kreuzkümmel (Cumin), Koriander (alles gem.)

INSGESAMT:

E: 9 g, F: 3 g, Kh: 184 g, kcal: 834

1. Den Kürbis schälen und die Kerne entfernen. Den Kürbis in sehr kleine Würfel schneiden und 350 g abwiegen. Von der Ananas Blatt- und Strunkende abschneiden. Ananas halbieren und den mittleren, harten Strunk herausschneiden. Ananas schälen, das Fruchtfleisch in kleine Stücke schneiden und 150 g abwiegen.

2. Zwiebeln abziehen, in kleine Würfel schneiden und 200 g abwiegen. Paprikaschoten halbieren, entstielen, entkernen und die weißen Scheidewände entfernen. Schotenhälften abspülen, abtropfen lassen, in sehr kleine Würfel schneiden und 100 g abwiegen.

3. Die vorbereiteten Gemüse- und Obstzutaten in einen großen Kochtopf geben. Apfelsaft und Lorbeerblätter hinzufügen. Die Zutaten zum Kochen bringen und etwa 20 Minuten bei schwacher Hitze kochen lassen, dabei gelegentlich umrühren.

4. Lorbeerblätter entfernen. Extra Gelierzucker und Essig hinzugeben, wieder zum Kochen bringen und weitere etwa 8 Minuten unter Rühren bei starker Hitze kochen lassen. Den Topf von der Kochstelle nehmen. Chutney mit Salz und den restlichen Gewürzen verrühren.

5. Chutney sofort randvoll in vorbereitete Gläser füllen. Gläser mit Twist-off-Deckeln® verschließen, umdrehen und etwa 5 Minuten auf den Deckeln stehen lassen.

KÜRBIS-ORANGEN-KONFITÜRE

Zubereitungszeit: 40 Minuten, ohne Abkühlzeit
Garzeit: etwa 15 Minuten
Haltbarkeit: kühl und dunkel gestellt 3–4 Monate

ZUTATEN FÜR 5–6 GLÄSER JE ETWA 200 ML

500 g Hokkaido-Kürbis (vorbereitet gewogen)
50 ml Orangensaft
abger. Schale von 1 Bio-Orange (unbehandelt, ungewachst)
500 g Orangenfilets (von etwa 5 großen Orangen)
500 g Extra Gelierzucker 2:1

INSGESAMT:

E: 11 g, F: 2 g, Kh: 571 g, kcal: 2389

1. Kürbis halbieren und die Kerne mit einem Löffel herauskratzen. Kürbishälften abspülen, abtropfen lassen, in kleine Stücke schneiden und 500 g abwiegen. Kürbisstücke mit Orangensaft in einen Topf geben, zum Kochen bringen und etwa 15 Minuten bei mittlerer Hitze weich kochen. Anschließend pürieren und erkalten lassen.

2. Von dem Kürbispüree 500 g abwiegen und in einen großen Kochtopf geben. Orangenschale unterrühren.

3. Orangen so schälen, dass die weiße Haut vollständig entfernt wird. Orangen filetieren und 500 g abwiegen. Orangenfilets mit dem Extra Gelierzucker zu dem Kürbispüree in den Topf geben und gut verrühren. Die Zutaten unter Rühren bei starker Hitze zum Kochen bringen, unter ständigem Rühren mindestens 3 Minuten sprudelnd kochen lassen. Den Topf von der Kochstelle nehmen.

4. Das Kochgut evtl. abschäumen und sofort randvoll in vorbereitete Gläser füllen. Die Gläser mit Twist-off-Deckeln® verschließen, umdrehen und etwa 5 Minuten auf den Deckeln stehen lassen.

TIPP:

Konfitüre zu Käse- oder Wursthäppchen reichen.

KÜRBIS-PREISELBEER-SCHICHTKONFITÜRE

Zubereitungszeit: 50 Minuten
Haltbarkeit: kühl und dunkel gestellt 3–4 Monate

ZUTATEN FÜR 5 GLÄSER JE ETWA 200 ML

FÜR DIE KÜRBISKONFITÜRE:

500 g Kürbis-Fruchtfleisch vom Hokkaido-Kürbis (vorbereitet gewogen)
1 Stück Ingwer
½ Bio-Orange (unbehandelt, ungewachst)
250 ml Orangensaft (von 4–5 Orangen und der ½ Bio-Orange)
375 g Extra Gelierzucker 2:1

FÜR DIE PREISELBEERKONFITÜRE:

250 g Preiselbeeren (vorbereitet gewogen)
125 g Extra Gelierzucker 2:1

INSGESAMT:

E: 8 g, F: 2 g, Kh: 558 g, kcal: 2328

1. Für die Kürbiskonfitüre Kürbis schälen, halbieren, entkernen und in kleine Würfel schneiden. Von den Kürbiswürfeln 500 g abwiegen.

2. Ingwer schälen, in sehr kleine Würfel schneiden und ½ Teelöffel davon abmessen.

3. Die Orange heiß abwaschen, abtrocknen und die Schale dünn abschälen. Die Schale in feine Streifen schneiden. Die Orangen auspressen und 250 ml Saft abmessen.

4. Für die Preiselbeerkonfitüre Preiselbeeren verlesen, waschen, gut abtropfen lassen und 250 g abwiegen.

5. Für die Kürbiskonfitüre Kürbis- mit Ingwerwürfeln, Orangenschale und -saft in einen Kochtopf geben, mit einem Stabmixer zerkleinern. Extra Gelierzucker (375 g) gut unterrühren.

6. Die Zutaten unter Rühren bei starker Hitze zum Kochen bringen und unter ständigem Rühren mindestens 3 Minuten sprudelnd kochen lassen. Den Topf von der Kochstelle nehmen.

7. Das Kochgut evtl. abschäumen und gut die Hälfte davon sofort bis zu einem Drittel in die vorbereiteten Gläser füllen.

8. Für die Preiselbeerkonfitüre Preiselbeeren in einem kleinen Kochtopf (etwa 2 l Inhalt) mit Extra Gelierzucker (125 g) gut verrühren, unter Rühren bei starker Hitze zum Kochen bringen und unter ständigem Rühren mindestens 3 Minuten sprudelnd kochen lassen. Den Topf von der Kochstelle nehmen.

9. Das Kochgut evtl. abschäumen und vorsichtig auf der Kürbiskonfitüre verteilen.

10. Die restliche Kürbiskonfitüre vorsichtig mit einem Esslöffel auf die Preiselbeerkonfitüre geben, bis die Gläser randvoll sind.

11. Gläser mit Twist-off-Deckeln® verschließen. Die Gläser nicht umdrehen, sonst laufen die Konfitüren ineinander.

TIPP:

Konfitüre zu Geflügelaufschnitt oder zu mariniertem Fisch reichen.

LEBERWURST

Zubereitungszeit: 50 Minuten
Einkochzeit: etwa 90 Minuten
Haltbarkeit: kühl und dunkel gestellt etwa 9 Monate, geöffnete Gläser innerhalb 1 Woche verbrauchen

ZUTATEN FÜR 6–7 GLÄSER JE ETWA 250 ML

750 g Rinderleber
2 Zwiebeln
1 kg Gehacktes
(halb Rind-, halb Schweinefleisch)
2 gestr. EL Pökelsalz
ger. Muskatnuss
gem. Pfeffer
gerebelter Oregano
gerebeltes Basilikum
gerebelter Thymian

INSGESAMT:

E: 342 g, F: 256 g, Kh: 2 g, kcal: 4061

1. Den Backofen vorheizen.
Ober-/Unterhitze: etwa 180 °C
Heißluft: etwa 160 °C

2. Die Rinderleber mit Küchenpapier abtupfen und in Würfel schneiden. Zwiebeln abziehen und halbieren. Leberwürfel und Zwiebelhälften durch die mittlere Scheibe des Fleischwolfs drehen.

3. Danach Hackfleisch in eine Schüssel geben. Leber-Zwiebel-Masse, Pökelsalz, Muskat, Pfeffer, Oregano, Basilikum und Thymian hinzugeben und mit der Hackfleischmasse gut vermengen.

4. Den Fleischbrei zu nur ¾ in vorbereitete Einkochgläser füllen, da sich der Fleischbrei beim Einkochen etwas ausdehnt. Jeweils Gummiring und Deckel nass auf den gesäuberten Glasrand legen, mit Klammern verschließen.

5. Dann eine Fettpfanne zur Hälfte mit heißem Wasser füllen.

6. Die Gläser mit etwas Abstand in die Fettpfanne stellen und in den vorgeheizten Backofen schieben. Leberwurst im Anschluss daran etwa 90 Minuten einkochen.

TIPPS:

Besonders dekorativ sieht es aus, wenn Sie die Leberwurst in sogenannten Drahtbügelgläsern einkochen.
Die Leberwurst lässt sich auch im Einkochtopf (-automat) in etwa 110 Minuten bei etwa 100 °C einkochen. Bitte beachten Sie beim Einkochen im Backofen die Gebrauchsanleitung Ihres Geräteherstellers.

Von Herzen

LIMETTENLIKÖR

Zubereitungszeit: 30 Minuten, ohne Abkühlzeit
Durchziehzeit: etwa 4 Wochen
Haltbarkeit: gekühlt 4–6 Wochen
▲ Mit Alkohol

ZUTATEN FÜR 1 GLAS ETWA 1 L

150 ml Wasser
250 g Rohrzucker
4 Bio-Limetten (unbehandelt, ungewachst)
1 Zimtstange
550 ml Rum (54 Vol.-%)

INSGESAMT:

E: 0 g, F: 0 g, Kh: 251 g, kcal: 2694

1. Wasser mit Rohrzucker in einem Topf zum Kochen bringen und kurz aufkochen lassen. Zuckerlösung erkalten lassen.

2. Die Limetten heiß abwaschen, abtrocknen und 2 Limetten dünn schälen. Limetten halbieren und den Saft auspressen.

3. Danach die Limettenschale mit Limettensaft, Zimtstange, Zuckerlösung und Rum in eine vorbereitete Flasche geben. Die Flasche mit einem Flaschenverschluss fest verschließen und einmal kräftig durchschütteln. An einem kühlen Ort etwa 4 Wochen durchziehen lassen.

4. Nach der Durchziehzeit den Likör in kleine, vorbereitete Flaschen abfiltern und die Flaschen gut verschließen.

LIMETTENMARMELADE

(REZEPT OHNE FOTO)

Zubereitungszeit: 45 Minuten
Haltbarkeit: kühl und dunkel gestellt etwa 1 Jahr

ZUTATEN FÜR 7–8 GLÄSER JE ETWA 200 ML

2 Bio-Limetten (unbehandelt, ungewachst)
1 Bio-Zitrone (unbehandelt, ungewachst)
6 Limetten, 3 Zitronen
1 Beutel Gelfix Classic 1:1 (20 g)
1150 g Zucker

INSGESAMT:

E: 4 g, F: 3 g, Kh: 1175 g, kcal: 4882

1. Bio-Limetten und Bio-Zitrone heiß abwaschen, abtrocknen, die Schale je dünn abschälen und in feine Streifen schneiden. Alle Limetten halbieren und auspressen.

2. Alle Zitronen so dick schälen, dass die weiße Haut vollständig entfernt wird. Die Zitronen filetieren, dabei den Saft auffangen. Zitrusschale, -saft und -filets in einen Messbecher geben und mit Wasser auf 850 ml auffüllen. Alles in einen großen Topf geben. Gelfix Classic zuerst mit 2 Esslöffeln vom Zucker mischen, dann mit der Fruchtmasse gut verrühren.

3. Die Zutaten unter Rühren bei starker Hitze zum Kochen bringen. Danach restlichen Zucker hinzufügen. Alles unter Rühren wieder zum Kochen bringen und mindestens 3 Minuten unter ständigem Rühren sprudelnd kochen lassen. Topf von der Kochstelle nehmen.

5. Kochgut evtl. abschäumen und sofort randvoll in vorbereitete Gläser füllen. Die Gläser mit Twist-off-Deckeln® verschließen, umdrehen und etwa 5 Minuten auf den Deckeln stehen lassen.

MANDARINEN-INGWER-MARMELADE

Zubereitungszeit: 45 Minuten
Haltbarkeit: kühl und dunkel gestellt 3–4 Monate

ZUTATEN FÜR 4 GLÄSER JE ETWA 200 ML

750 g Mandarinensaft und -Fruchtfleisch (von 15–18 kernlosen Mandarinen, vorbereitet gewogen)
50 ml Limettensaft
1 geh. TL fein gehackter Ingwer
1 Beutel Gelfix Extra 2:1 (25 g)
400 g brauner Zucker (Rohrzucker)

INSGESAMT:

E: 6 g, F: 2 g, Kh: 484 g, kcal: 2027

1. Mandarinen schälen, enthäuten, mit einem Stabmixer pürieren und anschließend durch ein Sieb passieren. Von dem Mandarinensaft und Fruchtfleisch 750 g abmessen und in einen großen Kochtopf geben. Limettensaft und Ingwer hinzufügen.

2. Gelfix Extra mit Zucker mischen und gut unter die Fruchtmasse rühren. Die Zutaten unter Rühren bei starker Hitze zum Kochen bringen und unter ständigem Rühren mindestens 3 Minuten sprudelnd kochen lassen. Den Topf von der Kochstelle nehmen.

3. Das Kochgut evtl. abschäumen und sofort randvoll in vorbereitete Gläser füllen. Die Gläser mit Twist-off-Deckeln® verschließen, umdrehen und etwa 5 Minuten auf den Deckeln stehen lassen.

MANDARINEN-KUMQUAT-ORANGEN-MARMELADE

Zubereitungszeit: 45 Minuten
Haltbarkeit: kühl und dunkel gestellt 3–4 Monate

ZUTATEN FÜR 5 GLÄSER JE ETWA 200 ML

400 g Kumquats (vorbereitet gewogen)
300 g Mandarinen-Fruchtfleisch (von 5–6 Mandarinen, vorbereitet gewogen)
300 g Orangenfilets mit -saft (von 3–4 Orangen, vorbereitet gewogen)
500 g Extra Gelierzucker 2:1

INSGESAMT:

E: 8 g, F: 3 g, Kh: 606 g, kcal: 2531

1. Kumquats heiß abspülen, abtrocknen, entstielen, halbieren, entkernen, in dünne Scheiben schneiden und 400 g abwiegen. Mandarinen schälen und die weiße Haut vollständig entfernen. Mandarinen vierteln, mit einem Stabmixer pürieren und 300 g abwiegen.

2. Orangen so schälen, dass die weiße Haut vollständig entfernt wird. Orangen filetieren, dabei den Saft auffangen. Von den Orangenfilets mit dem Saft insgesamt 300 g abwiegen.

3. Die vorbereiteten Früchte in einen großen Kochtopf geben. Gelierzucker hinzugeben und gut verrühren.

4. Die Zutaten unter Rühren bei starker Hitze zum Kochen bringen und unter ständigem Rühren mindestens 3 Minuten sprudelnd kochen lassen. Den Topf von der Kochstelle nehmen.

5. Das Kochgut evtl. abschäumen und sofort randvoll in vorbereitete Gläser füllen.

6. Die Gläser mit Twist-off-Deckeln® verschließen, umdrehen und etwa 5 Minuten auf den Deckeln stehen lassen.

MANDARINENMARMELADE
(REZEPT OHNE FOTO)

Zubereitungszeit: 30 Minuten
Haltbarkeit: kühl und dunkel gestellt etwa 6 Monate

ZUTATEN FÜR 4 GLÄSER JE ETWA 200 ML

500 g abgetropfte Mandarinen (aus der Dose)
Saft von 1 Zitrone
etwa 450 ml Orangensaft (Handelsware)
350 g Zucker
1 Beutel Gelfix Super 3:1 (25 g)

INSGESAMT:

E: 6 g, F: 2 g, Kh: 501 g, kcal: 2099

1. Evtl. große Mandarinenfilets klein schneiden. Zitronensaft mit Orangensaft auf 500 ml auffüllen.

2. Mandarinen und den Saft in einen großen Kochtopf geben. Abgewogene Zuckermenge mit Gelfix Super mischen und mit der Fruchtmasse gut verrühren.

3. Die Zutaten unter Rühren bei starker Hitze zum Kochen bringen und unter ständigem Rühren mindestens 3 Minuten sprudelnd kochen lassen. Den Topf von der Kochstelle nehmen.

4. Das Kochgut evtl. abschäumen und sofort randvoll in vorbereitete Gläser füllen.

5. Die Gläser mit Twist-off-Deckeln® verschließen, umdrehen und etwa 5 Minuten auf den Deckeln stehen lassen.

TIPP:

Die Gläser während des Erkaltens gelegentlich umdrehen, damit sich die Mandarinenstücke besser verteilen.

MANDARINEN-PUNSCH-GELEE MIT PHYSALIS

Zubereitungszeit: 30 Minuten
Haltbarkeit: kühl und dunkel gestellt etwa 6 Monate

ZUTATEN FÜR 5 GLÄSER JE ETWA 300 ML

etwa 20 Mandarinen
1 Pck. Zitronensäure (5 g)
200 g getrocknete Physalis
550 ml klarer Apfelsaft (Handelsware)
500 g Super Gelierzucker 3:1
2 Beutel Punsch- oder Glühfix (je 2 g)

INSGESAMT:

E: 20 g, F: 11 g, Kh: 691 g, kcal: 3163

1. Die Mandarinen halbieren und auspressen. 750 ml Fruchtsaft abmessen und in einen großen Kochtopf geben. Zitronensäure unterrühren.

2. Getrocknete Physalis halbieren oder feiner hacken und hinzugeben. Apfelsaft und Gelierzucker unterrühren. Die Gewürzbeutel zugeben.

3. Die Zutaten unter Rühren bei starker Hitze zum Kochen bringen und unter ständigem Rühren mindestens 3 Minuten sprudelnd kochen lassen. Dabei darauf achten, dass die Gewürzbeutel nicht zerreißen. Den Kochtopf von der Kochstelle nehmen. Gewürzbeutel entfernen und vorsichtig ausdrücken.

4. Das Kochgut evtl. abschäumen und sofort randvoll in vorbereitete Gläser füllen. Die Gläser mit Twist-off-Deckeln® verschließen, umdrehen und etwa 5 Minuten auf den Deckeln stehen lassen.

MANGO-BIRNEN-AVOCADO-KONFITÜRE

◷ Zubereitungszeit: 35 Minuten
Haltbarkeit: kühl und dunkel gestellt 3–4 Monate
▲ Mit Alkohol

ZUTATEN FÜR 5 GLÄSER JE ETWA 200 ML

400 g reife Mango (vorbereitet gewogen)
400 g reife Birnen (vorbereitet gewogen)
150 g Avocado (vorbereitet gewogen)
50 ml Weißwein
1 Zimtstange
500 g Extra Gelierzucker 2:1
evtl. 1 Pck. Zitronensäure (5 g)

INSGESAMT:

E: 6 g, F: 22 g, Kh: 598 g, kcal: 2658

1. Die Mango jeweils in der Mitte längs durchschneiden und den Stein herauslösen. Dann die Mangohälften schälen, in kleine Stücke schneiden und 400 g abwiegen. Die Birnen schälen, vierteln, entkernen, in kleine Stücke schneiden und 400 g abwiegen. Die Avocado in der Mitte längs durchschneiden und den Stein herauslösen. Avocadohälften schälen, in Stücke schneiden und 150 g abwiegen.

2. Vorbereitete Fruchtstücke, Weißwein und Zimtstange in einen großen Kochtopf geben, mit Extra Gelierzucker und nach Belieben mit Zitronensäure gut verrühren. Die Zutaten unter Rühren bei starker Hitze zum Kochen bringen und unter ständigem Rühren mindestens 3 Minuten sprudelnd kochen lassen. Den Topf von der Kochstelle nehmen.

3. Das Kochgut evtl. abschäumen und sofort randvoll in vorbereitete Gläser füllen. Die Gläser mit Twist-off-Deckeln® verschließen, umdrehen und etwa 5 Minuten auf den Deckeln stehen lassen.

TIPPS:

Statt Weißwein Birnenlikör oder Birnen- oder Bananennektar verwenden.
Sie können auch den Weißwein durch 50 ml Zitronensaft ersetzen, dann keine Zitronensäure verwenden.

MANGO-CHUTNEY

Zubereitungszeit: 45 Minuten
Haltbarkeit: kühl und dunkel gestellt etwa 1 Jahr
▲ Mit Alkohol

ZUTATEN FÜR 3 GLÄSER JE ETWA 200 ML

400 g Mango
(von etwa 2 Mangos, vorbereitet gewogen)
100 g Zwiebeln (vorbereitet gewogen)
2–3 Stücke abgetropfter, eingelegter Ingwer
(aus dem Glas)
1 TL grüne Pfefferkörner in Lake
180 ml Weißwein
2 EL Weißweinessig
60 g Rosinen
125 g Extra Gelierzucker 2:1
Salz, Currypulver

INSGESAMT:

E: 6 g, F: 3 g, Kh: 223 g, kcal: 1099

1. Von den Mangos das Fruchtfleisch vom Stein schneiden. Fruchtfleisch schälen, in kleine Würfel schneiden und 400 g abwiegen.

2. Zwiebeln abziehen, ebenfalls klein würfeln und 100 g abwiegen. Ingwer klein schneiden. Pfefferkörner abspülen und abtropfen lassen.

3. Die vorbereiteten Zutaten in einen großen Kochtopf geben. Wein, Essig, Rosinen und Extra Gelierzucker hinzugeben, unter Rühren zum Kochen bringen und unter gelegentlichem Rühren etwa 5 Minuten kochen lassen.

4. Chutney mit Salz und Curry abschmecken, sofort in vorbereitete Gläser füllen.

5. Gläser mit Twist-off-Deckeln® verschließen, umdrehen und etwa 5 Minuten auf den Deckeln stehen lassen.

TIPP:

Mango-Chutney schmeckt sehr gut zu gegrilltem Fleisch und Geflügel.

MARONEN-BIRNEN-KONFITÜRE

- Zubereitungszeit 40 Minuten, ohne Abkühlzeit
  Garzeit: etwa 20 Minuten
  Haltbarkeit: kühl und dunkel gestellt 3–4 Monate

ZUTATEN FÜR 4–5 GLÄSER JE ETWA 400 ML

500 g frische Maronen (Esskastanien)
200 ml frisch gepresster Orangensaft (von etwa 3 Orangen)
etwa 1,2 kg reife Birnen, z. B. Williams Christbirnen
1 Vanilleschote
1 ½ TL Anissamen
2 Pck. Zitronensäure (je 5 g)
1 Beutel Gelfix Classic 1:1 (20 g)
1 kg Zucker

INSGESAMT:

E: 13 g, F: 8 g, Kh: 1213 g, kcal: 5131

1. Die Maronen verlesen, in einer mit Wasser gefüllten Schüssel waschen, dabei an der Wasseroberfläche schwimmende Maronen aussortieren. Die Maronen mit einem spitzen Messer leicht anritzen, dann mit Wasser bedeckt in einem Topf zum Kochen bringen. Die Maronen etwa 20 Minuten garen.

2. Die Maronen in ein Sieb abgießen, abtropfen lassen und in kaltem Wasser handwarm abkühlen lassen. Die Maronen schälen. 250 g Maronenfruchtfleisch abwiegen, in Würfel schneiden und mit dem Orangensaft in einem Mixer fein pürieren.

3. Die Birnen schälen, vierteln und entkernen. 700 g Birnen-Fruchtfleisch abwiegen und in feine Würfel schneiden. Birnenwürfel und Maronenpüree in einem großen Topf verrühren.

4. Die Vanilleschote längs aufschneiden und das Mark herausschaben. Vanillemark und -schote zu der Fruchtmischung geben. Anissamen in einem Mörser leicht zerdrücken, mit der Zitronensäure ebenfalls unterrühren.

5. Gelfix Classic mit 2 Esslöffeln vom Zucker vermischen und unter die Fruchtmischung rühren.

6. Die Zutaten unter Rühren bei starker Hitze zum Kochen bringen. Sobald alles bei ständigem Rühren sprudelnd kocht, restlichen Zucker unterrühren. Das Ganze unter Rühren wieder zum Kochen bringen und unter ständigem Rühren mindestens 3 Minuten sprudelnd kochen lassen. Den Kochtopf von der Kochstelle nehmen. Die Vanilleschote entfernen.

7. Das Kochgut evtl. abschäumen, sofort randvoll in vorbereitete Gläser füllen. Die Gläser mit Twist-off-Deckeln® verschließen, umdrehen und etwa 5 Minuten auf den Deckeln stehen lassen.

MATCHATEE-KONFITÜRE MIT LITSCHI

Zubereitungszeit: 35 Minuten
Haltbarkeit: kühl und dunkel gestellt 3–4 Monate

ZUTATEN FÜR 5 GLÄSER JE ETWA 200 ML

275 g kernlose grüne Weintrauben (vorbereitet gewogen)
2 gestr. TL Matchatee-Pulver
1 Beutel Gelfix Extra 2:1 (25 g)
500 g Zucker
225 g abgetropfte Litschis (aus der Dose)
225 ml weißer Traubensaft
275 ml Litschisaft (aus der Dose)

INSGESAMT:

E: 8 g, F: 2 g, Kh: 690 g, kcal: 2849

1. Weintrauben abspülen, gut abtropfen lassen und entstielen. Weintrauben in dünne Scheiben oder kleine Stücke schneiden. Matchatee-Pulver mit Gelfix Extra und Zucker gut vermischen.

2. Litschifrüchte in kleine Stücke schneiden, mit den Weintraubenscheiben oder -stücken in einen großen Kochtopf geben. Trauben- und Litschisaft hinzufügen.

3. Die Matchatee-Zucker-Mischung hinzugeben und gut verrühren. Die Zutaten unter Rühren bei starker Hitze zum Kochen bringen und unter ständigem Rühren mindestens 3 Minuten sprudelnd kochen lassen. Den Topf von der Kochstelle nehmen.

4. Das Kochgut evtl. abschäumen und sofort randvoll in vorbereitete Gläser füllen. Die Gläser mit Twist-off-Deckeln® verschließen, umdrehen und etwa 5 Minuten auf den Deckeln stehen lassen.

TIPPS:

Statt weißem Traubensaft klaren Apfelsaft verwenden.
Matchatee erhalten Sie in gut sortierten Tee- oder Bioläden.

MELONEN-BANANEN-KONFITÜRE MIT KOKOSMILCH UND ZITRONENGRAS

Zubereitungszeit: 40 Minuten, ohne Abkühlzeit
Haltbarkeit: kühl und dunkel gestellt 3–4 Monate

ZUTATEN FÜR 5 GLÄSER JE ETWA 200 ML

35 g Zitronengras (3–4 Stangen)
250 ml Kokosmilch (ungesüßt)
400 g Melonen-Fruchtfleisch (reife Cantaloup oder Galia, vorbereitet gewogen)
300 g Bananen-Fruchtfleisch (vorbereitet gewogen)
100 ml Limettensaft
500 g Extra Gelierzucker 2:1
1 Pck. Zitronensäure (5 g)

INSGESAMT:

E: 10 g, F: 35 g, Kh: 608 g, kcal: 2841

1. Von den Zitronengrasstangen evtl. die äußeren, harten Stängel entfernen. Enden und Spitzen etwas abschneiden. Stangen längs halbieren und in etwa 4 cm lange Stücke schneiden. Die Zitronengrasstücke mit der Kokosmilch in einem Topf zum Kochen bringen und 2–3 Minuten bei schwacher Hitze kochen lassen.

2. Den Topf von der Kochstelle nehmen. Kokos-Zitronengras-Milch erkalten lassen.

3. Anschließend durch ein Sieb gießen, dabei die Flüssigkeit auffangen und 200 ml Kokos-Zitronen-Milch abmessen.

4. Melonen halbieren und die Kerne mit einem Löffel herauskratzen. Melonenhälften in Spalten schneiden und die Spalten schälen. Von dem Fruchtfleisch 400 g abwiegen und in kleine Würfel schneiden. Die Bananen schälen, ebenfalls klein würfeln und 300 g abwiegen. Die Melonen- und Bananenwürfel mit Kokos-Zitronen-Milch und dem Limettensaft in einen großen Kochtopf geben, mit Extra Gelierzucker und Zitronensäure gut verrühren.

5. Die Zutaten unter Rühren bei starker Hitze zum Kochen bringen und unter ständigem Rühren mindestens 3 Minuten sprudelnd kochen lassen. Den Topf von der Kochstelle nehmen.

6. Das Kochgut evtl. abschäumen und sofort randvoll in vorbereitete Gläser füllen. Die Gläser mit Twist-off-Deckeln® verschließen, umdrehen und etwa 5 Minuten auf den Deckeln stehen lassen.

MELONEN-PAPRIKA-CHUTNEY (REZEPT OHNE FOTO)

Zubereitungszeit: 60 Minuten
Haltbarkeit: kühl, dunkel und trocken gestellt etwa 6 Monate

ZUTATEN FÜR 6 GLÄSER JE ETWA 200 ML

500 g Honigmelonen-Fruchtfleisch (vorbereitet gewogen)
300 g rote Paprikaschoten (vorbereitet gewogen)
150 g Orangenfilets (vorbereitet gewogen)
100 g Rosinen
200 ml Obstessig
300 ml Orangensaft (Handelsware)
250 g Super Gelierzucker 3:1
1 TL Senfkörner
Salz
frisch gem. Pfeffer
Paprikapulver rosenscharf

INSGESAMT:

E: 10 g, F: 4 g, Kh: 429 g, kcal: 1923

1. Die Melone halbieren und die Kerne mit einem Löffel herauslösen. Melonenhälften zuerst in kleine Spalten schneiden, dann die Schale abschneiden. Das Fruchtfleisch in kleine Würfel schneiden und 500 g abwiegen.

2. Paprikaschoten halbieren, entstielen, entkernen und die weißen Scheidewände entfernen. Die Schoten waschen, abtropfen lassen, sehr fein würfeln und 300 g abwiegen. Orangen so schälen, dass die weiße Haut mit entfernt wird. Filets herausschneiden und 150 g abwiegen.

3. Die vorbereiteten Zutaten mit Rosinen, Obstessig, Orangensaft, Gelierzucker und Senfkörnern in einen Topf geben. Alles unter Rühren zum Kochen bringen und etwa 5 Minuten kochen lassen, dabei ab und zu umrühren.

4. Das Chutney mit Salz, Pfeffer und Paprika abschmecken, sofort randvoll in vorbereitete Gläser füllen, mit Twist-off-Deckeln® verschließen, umdrehen und etwa 5 Minuten auf den Deckeln stehen lassen.

TIPP:

Melonen-Paprika-Chutney passt gut zu Käse oder Käse-Fondue.

MIRABELLENKONFITÜRE

Zubereitungszeit: 45 Minuten
Haltbarkeit: kühl und dunkel gestellt etwa 1 Jahr

ZUTATEN FÜR 7 GLÄSER JE ETWA 200 ML

1 kg Mirabellen (von etwa 1,5 kg Mirabellen, vorbereitet gewogen)
1 Beutel Gelfix Classic 1:1 (20 g)
1150 g Zucker

INSGESAMT:

E: 7 g, F: 2 g, Kh: 1294 g, kcal: 5283

1. Die Mirabellen abspülen, gut abtropfen lassen, entstielen, halbieren und entsteinen. Mirabellenhälften in kleine Stücke schneiden, 1 kg abwiegen und in einen großen Kochtopf geben.

2. Gelfix Classic zuerst mit 2 Esslöffeln der abgewogenen Zuckermenge mischen, dann mit den Fruchtstückchen gut verrühren.

3. Die Zutaten unter Rühren bei starker Hitze zum Kochen bringen. Sobald alles bei ständigem Rühren sprudelnd kocht, restlichen Zucker hinzufügen.

4. Alles unter Rühren wieder zum Kochen bringen und unter ständigem Rühren mindestens 3 Minuten sprudelnd kochen lassen. Den Topf von der Kochstelle nehmen.

5. Das Kochgut evtl. abschäumen und sofort randvoll in vorbereitete Gläser füllen. Die Gläser mit Twist-off-Deckeln® verschließen, umdrehen und etwa 5 Minuten auf den Deckeln stehen lassen.

TIPP:

Sofort nach dem Kochen der Konfitüre 4 Esslöffel Mirabellengeist oder Zwetschenwasser unter die Konfitüre rühren.

MISPEL-HIMBEER-KONFITÜRE

Zubereitungszeit: 60 Minuten
Haltbarkeit: kühl und dunkel gestellt etwa 6 Monate

ZUTATEN FÜR 5 GLÄSER JE ETWA 200 ML

200 g Himbeeren (von etwa 250 g Himbeeren, vorbereitet gewogen)
800 g Japanische Mispeln (Loquats, von etwa 1,2 kg Mispeln, vorbereitet gewogen)
500 g Extra Gelierzucker 2:1

INSGESAMT:

E: 7 g, F: 2 g, Kh: 571 g, kcal: 2368

1. Himbeeren verlesen, evtl. kurz abspülen, trocken tupfen und 200 g abwiegen.

2. Mispeln abspülen, abtropfen lassen, vierteln und entkernen. Von den Mispelvierteln die Haut abziehen und die Blütenreste entfernen (evtl. Handschuhe anziehen, da die Früchte leicht färben). Das Fruchtfleisch in sehr kleine Würfel schneiden und 800 g abwiegen.

3. Himbeeren und Mispel-Fruchtfleisch in einen großen Kochtopf geben, mit Extra Gelierzucker gut verrühren. Dann die Zutaten unter Rühren bei starker Hitze zum Kochen bringen und unter ständigem Rühren mindestens 3 Minuten sprudelnd kochen lassen. Den Topf von der Kochstelle nehmen.

4. Das Kochgut evtl. abschäumen und sofort randvoll in vorbereitete Gläser füllen. Gläser mit Twist-off-Deckeln® verschließen, umdrehen und etwa 5 Minuten auf den Deckeln stehen lassen.

TIPP:

Anstelle von frischen Himbeeren können Sie auch TK-Himbeeren verwenden. Früchte einfach tiefgekühlt abwiegen, auftauen lassen und den entstehenden Saft bei der Zubereitung mitverwenden.

MISPEL-KIWI-KONFITÜRE

Zubereitungszeit: 40 Minuten
Haltbarkeit: kühl und dunkel gestellt etwa 6 Monate

ZUTATEN FÜR 5 GLÄSER JE ETWA 200 ML

5 gelbe Kiwis (etwa 500 g)
2 Bio-Zitronen (unbehandelt, ungewachst)
etwa 800 g Japanische Mispeln (Loquats)
500 g Extra Gelierzucker 2:1

INSGESAMT:

E: 7 g, F: 4 g, Kh: 575 g, kcal: 2478

1. Kiwis dünn schälen, in kleine Würfel schneiden und 400 g abwiegen.

2. Zitronen heiß abwaschen und abtrocknen. 1 Zitrone sehr dünn schälen. Die Schale in feine Streifen schneiden. Die Schale der zweiten Zitrone dünn abreiben. Beide Zitronen halbieren, auspressen und 80 ml Saft abmessen.

3. Mispeln abspülen, abtropfen lassen, vierteln und entkernen. Von den Mispelvierteln die Haut abziehen und die Blütenreste entfernen (evtl. Handschuhe anziehen, da die Früchte leicht färben).

4. Das Mispel-Fruchtfleisch sehr fein würfeln und 500 g abwiegen.

5. Kiwi- und Mispelwürfel mit dem Zitronensaft und der Zitronenschale in einen großen Kochtopf geben und gut verrühren. Extra Gelierzucker unterrühren.

6. Die Zutaten unter Rühren bei starker Hitze zum Kochen bringen und unter ständigem Rühren mindestens 3 Minuten sprudelnd kochen lassen. Den Topf von der Kochstelle nehmen.

7. Das Kochgut evtl. abschäumen und sofort randvoll in vorbereitete Gläser füllen. Die Gläser mit Twist-off-Deckeln® verschließen, umdrehen und etwa 5 Minuten auf den Deckeln stehen lassen.

TIPP:

Die Konfitüre schmeckt auch gut zu gebratener Hähnchenbrust. Nach dem Braten einfach etwas Konfitüre in die heiße Pfanne geben und mit dem Bratensatz verrühren. Evtl. mit etwas Cayennepfeffer oder Ingwer würzen.

MISPEL-RHABARBER-KONFITÜRE (REZEPT OHNE FOTO)

Zubereitungszeit: 60 Minuten
Haltbarkeit: kühl und dunkel gestellt etwa 6 Monate

ZUTATEN FÜR 5 GLÄSER JE ETWA 200 ML

500 g Rhabarber (von etwa 750 g Rhabarber, vorbereitet gewogen)
500 g Japanische Mispeln (Loquats, von etwa 800 g Mispeln, vorbereitet gewogen)
4 EL Zitronensaft
1 Pck. Bourbon-Vanille-Zucker
500 g Extra Gelierzucker 2:1

INSGESAMT:

E: 6 g, F: 2 g, Kh: 551 g, kcal: 2289

1. Rhabarber putzen, die Stielenden und Blattansätze entfernen. Rhabarberstangen evtl. abziehen, abspülen, abtropfen lassen, in kleine Würfel schneiden und 500 g abwiegen.

2. Mispeln abspülen, abtropfen lassen, vierteln und entkernen. Von den Mispelvierteln die Haut abziehen und die Blütenreste entfernen (evtl. Handschuhe anziehen, da die Früchte leicht färben.)

3. Das Fruchtfleisch in sehr kleine Würfel schneiden, 500 g abwiegen, mit den Rhabarberwürfeln und dem Zitronensaft in einem großen Kochtopf vermischen. Vanille-Zucker und Gelierzucker gut unterrühren.

4. Die Zutaten unter Rühren bei starker Hitze zum Kochen bringen und unter ständigem Rühren mindestens 3 Minuten sprudelnd kochen lassen. Den Topf von der Kochstelle nehmen.

5. Das Kochgut evtl. abschäumen und sofort randvoll in vorbereitete Gläser füllen. Gläser mit Twist-off-Deckeln® verschließen, umdrehen und etwa 5 Minuten auf den Deckeln stehen lassen.

TIPP:

Für eine schnelle Sauce zum Eis, einfach etwas Apfelsaft unter die Konfitüre rühren, evtl. erwärmen und zu Vanille- oder Joghurteis servieren.

WARENKUNDE:

Die leuchtend orangefarbenen Mispeln erhalten Sie bei türkischen Gemüsehändlern meistens von Ende Mai bis Ende Juni.

MIXED PICKLES MIT INGWER UND MINZE

Zubereitungszeit: 30 Minuten, ohne Einlegzeit
Durchziehzeit: etwa 6 Wochen
Haltbarkeit: kühl, dunkel und trocken gestellt 6–9 Monate

ZUTATEN FÜR 3 GLÄSER JE ETWA 750 ML

1 kg gemischtes Gemüse, je nach Saison, z. B. 1 kleine Fenchelknolle, Möhren, Staudensellerie, rote und gelbe Paprikaschoten, Frühlingszwiebeln, Blumenkohl, Brokkoli oder Romanesco
110 g Meersalz
3 Stängel frische Minze
1 walnussgroßes Stück Ingwer
1 l Reisessig

INSGESAMT:

E: 18 g, F: 2 g, Kh: 36 g, kcal: 395

1. Von der Fenchelknolle die Stiele dicht oberhalb der Knolle abschneiden. Braune Stellen und Blätter entfernen. Wurzelende gerade schneiden. Die Knolle waschen, abtropfen lassen, halbieren und in Spalten schneiden. Möhren putzen, schälen, waschen, abtropfen lassen. Staudensellerie putzen und die harten Außenfäden abziehen. Sellerie waschen, abtropfen lassen. Möhren und Selleriestangen vierteln.

2. Paprikaschoten halbieren, entstielen, entkernen und die weißen Scheidewände entfernen. Schotenhälften waschen, trocken tupfen und in Streifen schneiden. Frühlingszwiebeln putzen, waschen und abtropfen lassen. Das Grün der Frühlingszwiebeln abschneiden (wird zäh). Blumenkohl, Brokkoli oder Romanesco putzen, Blätter und schlechte Stellen entfernen. Den Kohl in Röschen teilen, waschen und abtropfen lassen.

3. Vorbereitetes Gemüse in eine große Schüssel geben und mit Salz bestreuen. Einen Teller zum Beschweren darauflegen. Gemüse 10–12 Stunden durchziehen lassen.

4. Gemüse unter fließendem kalten Wasser abspülen, in einem Sieb gut abtropfen lassen und mit Küchenpapier trocken tupfen.

5. Minze abspülen und trocken tupfen. Ingwer schälen und in dünne Scheiben schneiden.

6. Das Gemüse mit Minze und Ingwerscheiben in vorbereitete Gläser füllen, mit dem Reisessig übergießen (Gläser vorsichtig aufstoßen, um Luftblasen zu entfernen). Die Gläser mit einem Twist-off-Deckel® fest verschließen (Deckel sollte säurebeständig sein). Mixed Pickles etwa 6 Wochen kalt, dunkel und trocken gestellt vor dem Verzehr durchziehen lassen.

MÖHREN-CHAMPIGNONS, EINGELEGT

Zubereitungszeit: 40 Minuten
Durchziehzeit: 2–3 Tage
Haltbarkeit: gekühlt 2–3 Wochen

ZUTATEN FÜR 2 GLÄSER JE ETWA 500 ML

400 g nicht zu kleine Möhren
200 g sehr kleine Champignons
Saft von 1 Zitrone
1 Bund Frühlingszwiebeln

FÜR DIE ESSIGLÖSUNG:

250 ml Rotweinessig
2 EL Zucker
125 ml Wasser
2 TL weiße Pfefferkörner
1 TL Fenchelsamen
3 Salbeiblättchen
1–2 Lorbeerblätter
Salz
2 Msp. Einmach-Hilfe

INSGESAMT:

E: 15 g, F: 2 g, Kh: 71 g, kcal: 425

1. Möhren putzen, schälen, waschen, abtropfen lassen und längs in regelmäßigen Abständen 4–5 Vertiefungen ausschneiden. Möhren in Scheiben schneiden (dadurch entsteht eine Blütenform). Möhrenscheiben mit den ausgeschnittenen Möhrenstreifen in einen Kochtopf geben.

2. Champignons putzen, mit Küchenpapier abreiben, eventuell abspülen und trocken tupfen. Champignons mit Zitronensaft zu den Möhrenscheiben geben.

3. Frühlingszwiebeln putzen, waschen, abtropfen lassen und in Stücke schneiden.

4. Für die Essiglösung Essig mit Zucker, Wasser, Pfefferkörnern, Fenchelsamen, Salbeiblättchen, Lorbeerblättern und Salz in einem Topf zum Kochen bringen.

5. Möhrenscheiben und Champignons hinzufügen, zum Kochen bringen und etwa 5 Minuten ziehen lassen. Topf von der Kochstelle nehmen.

6. Möhrenscheiben mit Champignons und Frühlingszwiebeln in vorbereitete Gläser füllen.

7. Die Essiglösung nochmals zum Kochen bringen. Den Topf von der Kochstelle nehmen und Einmach-Hilfe unterrühren. Die Essiglösung über das Gemüse gießen. Die Gläser sofort mit Twist-off-Deckeln® verschließen und kalt gestellt mindestens 2–3 Tage vor dem Verzehr durchziehen lassen.

NASHI-ANANAS-AUFSTRICH (IM FOTO LINKS)

Zubereitungszeit: 30 Minuten
Haltbarkeit: kühl und dunkel gestellt 6–8 Monate

ZUTATEN FÜR 5 GLÄSER JE ETWA 200 ML

etwa 4 Nashi-Birnen
200 ml Blutorangensaft (von etwa 3 Blutorangen)
120 ml Limettensaft (von etwa 5 Limetten)
200 g Ananas-Fruchtfleisch
500 g Extra Gelierzucker 2:1

INSGESAMT:

E: 5 g, F: 2 g, Kh: 594 g, kcal: 2483

1. Nashi-Birnen vierteln, schälen, entkernen und fein würfeln. 500 g Nashi-Fruchtfleisch abwiegen und sofort mit dem Blutorangen- und Limettensaft in einem großen Topf verrühren.

2. Ananas-Fruchtfleisch in sehr feine Stücke schneiden, mit dem Extra Gelierzucker in den Topf geben und alles gut verrühren. Die Zutaten unter Rühren bei starker Hitze zum Kochen bringen und unter ständigem Rühren mindestens 3 Minuten sprudelnd kochen lassen. Den Kochtopf von der Kochstelle nehmen.

3. Das Kochgut evtl. abschäumen, sofort randvoll in vorbereitete Gläser füllen. Die Gläser mit Twist-off-Deckeln® verschließen, umdrehen und etwa 5 Minuten auf den Deckeln stehen lassen.

NASHI-LIMETTEN-AUFSTRICH (IM FOTO RECHTS)

Zubereitungszeit: 30 Minuten
Haltbarkeit: kühl und dunkel gestellt 6–8 Monate

ZUTATEN FÜR 5 GLÄSER JE ETWA 200 ML

etwa 1,4 kg Nashi-Früchte (5–6 Stück)
150 ml Limettensaft (von etwa 6 Limetten)
2–3 TL Minzaroma-Sirup
500 g Extra Gelierzucker 2:1
1 Pck. Zitronensäure (5 g)

INSGESAMT:

E: 5 g, F: 2 g, Kh: 611 g, kcal: 2568

1. Die Nashi-Birnen vierteln, schälen, entkernen und fein würfeln. 900 g Fruchtfleisch abwiegen und sofort mit dem Limettensaft in einem großen Topf verrühren. Minzaroma-Sirup, Gelierzucker und Zitronensäure hinzugeben und alles gründlich verrühren. Die Mischung etwas Saft ziehen lassen und dann etwa die Hälfte des Fruchtfleisches im Topf fein pürieren.

2. Die Zutaten unter Rühren bei starker Hitze zum Kochen bringen und unter ständigem Rühren mindestens 3 Minuten sprudelnd kochen lassen. Den Kochtopf von der Kochstelle nehmen.

3. Das Kochgut evtl. abschäumen, sofort randvoll in vorbereitete Gläser füllen. Die Gläser mit Twist-off-Deckeln® verschließen, umdrehen und etwa 5 Minuten auf den Deckeln stehen lassen.

NEKTARINEN-HIMBEER-SCHICHTKONFITÜRE

Zubereitungszeit: 45 Minuten, ohne Abkühlzeit
Haltbarkeit: kühl und dunkel gestellt
3–4 Monate

ZUTATEN FÜR 5 GLÄSER JE ETWA 200 ML

FÜR DIE HIMBEERKONFITÜRE:

500 g Himbeeren (vorbereitet gewogen)
1 TL Zitronenschale
(von 1 Bio-Zitrone [unbehandelt, ungewachst])
1 EL Zitronensaft
5 Minzeblättchen
250 g Extra Gelierzucker 2:1

FÜR DIE NEKTARINENKONFITÜRE:

500 g Nektarinen (vorbereitet gewogen)
1 Pck. Bourbon-Vanille-Zucker
250 g Extra Gelierzucker 2:1

INSGESAMT:

E: 11 g, F: 2 g, Kh: 588 g, kcal: 2471

1. Für die Himbeerkonfitüre Himbeeren verlesen und 500 g abwiegen. Zitrone heiß abwaschen, abtrocknen und ein Viertel der Schale abreiben.

2. Zitrone halbieren, den Saft auspressen und 1 Esslöffel davon abmessen. Die Minzeblättchen abspülen, trocken tupfen und in Streifen schneiden.

3. Für die Nektarinenkonfitüre Nektarinen kurz in kochendes Wasser legen, herausnehmen und in kaltem Wasser abschrecken. Von den Nektarinen die Haut abziehen. Nektarinen halbieren und entsteinen.

4. Das Fruchtfleisch in kleine Würfel schneiden und 500 g Fruchtfleisch abwiegen.

5. Für die Nektarinenkonfitüre die vorbereiteten Nektarinenwürfel und den Vanille-Zucker in einen kleinen Topf (etwa 2 l Inhalt) geben. Mit Extra Gelierzucker gut verrühren.

6. Die Zutaten unter Rühren bei starker Hitze zum Kochen bringen und unter ständigem Rühren mindestens 3 Minuten sprudelnd kochen lassen. Den Topf von der Kochstelle nehmen.

7. Das Kochgut evtl. abschäumen und sofort bis zur Hälfte in vorbereitete Gläser füllen. Die Konfitüre etwa 15 Minuten abkühlen lassen. Danach die Nektarinenkonfitüre bis zur Hälfte in die vorbereiteten Gläser füllen.

8. Für die Himbeerkonfitüre vorbereitete Himbeeren, Zitronenschale und den Zitronensaft in einen kleinen Topf (etwa 2 l Inhalt) geben. Mit Extra Gelierzucker gut verrühren.

9. Die Zutaten unter Rühren bei starker Hitze zum Kochen bringen und unter ständigem Rühren mindestens 2 Minuten sprudelnd kochen lassen.

10. Die Minzestreifen hinzufügen, wieder zum Kochen bringen und unter ständigem Rühren noch 1 Minute sprudelnd kochen lassen. Den Topf von der Kochstelle nehmen.

11. Das Kochgut evtl. abschäumen und vorsichtig mit einem Esslöffel auf der Nektarinenkonfitüre verteilen, bis die Gläser randvoll sind.

12. Die Gläser mit Twist-off-Deckeln® verschließen und erkalten lassen. Nicht stürzen, sonst laufen die Konfitüren ineinander.

TIPP:

Statt Nektarinen können auch 500 g Aprikosen (vorbereitet gewogen) verwendet werden.

NEKTARINEN-PFIRSICH-CHUTNEY (REZEPT OHNE FOTO)

Zubereitungszeit: 30 Minuten
Haltbarkeit: kühl gestellt etwa 6 Monate

ZUTATEN FÜR 4 GLÄSER JE ETWA 200 ML

500 g Nektarinen (vorbereitet gewogen)
200 g Pfirsiche (vorbereitet gewogen)
100 ml Weißweinessig
150 ml Pfirsichnektar
250 g Extra Gelierzucker 2:1
1 TL Chilipulver
1 Prise Salz
frisch gem. weißer Pfeffer

INSGESAMT:

E: 7 g, F: 1 g, Kh: 347 g, kcal: 1469

1. Nektarinen und Pfirsiche waschen, abtropfen lassen, halbieren, entsteinen und in kleine Stücke schneiden. Fruchtstücke abwiegen.

2. Die vorbereiteten Früchte mit Weißweinessig, Pfirsichnektar und Extra Gelierzucker in einen Kochtopf geben. Das Ganze unter Rühren zum Kochen bringen und etwa 5 Minuten kochen lassen, dabei ab und zu umrühren.

3. Das Chutney mit Chilipulver, Salz und Pfeffer abschmecken, sofort randvoll in die vorbereiteten Gläser füllen. Die Gläser sofort mit Twist-off-Deckeln® verschließen, umdrehen und etwa 5 Minuten auf den Deckeln stehen lassen.

TIPP:

Das Chutney zu Käse oder gegrilltem Fleisch reichen.

ORANGENMARMELADE, ORIENTALISCH

Zubereitungszeit: 30 Minuten
Haltbarkeit: kühl und dunkel gestellt 6–8 Monate

ZUTATEN FÜR 6 GLÄSER JE ETWA 200 ML

5 Kardamomkapseln
2–3 Sternanis
300 ml Granatapfel-Mehrfruchtsaft (z. B. aus dem Tetrapak)
1 geh. TL Sumach (z. B. aus dem Gewürzladen oder orientalischen Lebensmittelläden) oder 1 TL fein abger. Limettenschale von 1 Bio-Limette (unbehandelt, ungewachst)
100 g flüssiger Honig
600 g Orangenfilets mit -saft (von etwa 5 Orangen)
500 g Extra Gelierzucker 2:1

INSGESAMT:

E: 9 g, F: 2 g, Kh: 650 g, kcal: 2727

1. Kardamomkapseln in einem Mörser leicht andrücken, mit Sternanis und Saft in einen großen Topf geben. Sumach oder Limettenschale und Honig unterrühren.

2. Die Orangen so schälen, dass die weiße Haut vollständig entfernt wird. Orangen filetieren, dabei den Saft auffangen. 600 g Orangen-Fruchtfleisch und -saft abwiegen und mit in den Topf geben.

3. Gelierzucker hinzugeben und alles gut miteinander verrühren. Die Zutaten unter Rühren bei starker Hitze zum Kochen bringen und unter ständigem Rühren mindestens 3 Minuten sprudelnd kochen lassen. Den Kochtopf von der Kochstelle nehmen. Die Gewürzstücke weitestgehend entfernen.

4. Das Kochgut evtl. abschäumen und sofort randvoll in vorbereitete Gläser füllen. Die Gläser mit Twist-off-Deckeln® verschließen, umdrehen und etwa 5 Minuten auf den Deckeln stehen lassen.

ORANGEN-MÖHREN-KONFITÜRE MIT CASHEW-KERNEN (REZEPT OHNE FOTO)

Zubereitungszeit: 60 Minuten
Haltbarkeit: kühl und dunkel gestellt 3–4 Monate

ZUTATEN FÜR 7 GLÄSER JE ETWA 200 ML

500 g Möhren
(von etwa 600 g Möhren, vorbereitet gewogen)
2 Bio-Orangen (unbehandelt, ungewachst)
500 g Orangenfilets mit -saft
(von den Bio-Orangen und 3–4 weiteren Orangen, vorbereitet gewogen)
1 Beutel Gelfix Classic 1:1 (20 g)
1150 g Zucker
3 EL Zitronensaft
3 EL grob gehackte Cashewkerne

INSGESAMT:

E: 20 g, F: 24 g, Kh: 1255 g, kcal: 5374

1. Die Möhren putzen, schälen, abspülen, abtropfen lassen, auf einer Haushaltsreibe sehr fein reiben und 500 g abwiegen.

2. Die Bio-Orangen heiß abwaschen, abtrocknen und die Schale mit einem Zestenreißer abziehen. Oder die Schale dünn abschälen und anschließend in feine Streifen schneiden.

3. Alle Orangen (5–6 Stück) so schälen, dass die weiße Haut vollständig entfernt wird. Orangen filetieren und in Stücke schneiden, dabei den Saft auffangen. Von den Orangenstücken und dem aufgefangenen Saft insgesamt 500 g abwiegen.

4. Geriebene Möhren, Orangenstücke, -saft und -schale in einen großen Kochtopf geben. Gelfix Classic zuerst mit 2 Esslöffeln der abgewogenen Zuckermenge mischen, dann mit der Möhren-Orangen-Masse gut verrühren.

5. Die Zutaten unter Rühren bei starker Hitze zum Kochen bringen. Sobald alles bei ständigem Rühren sprudelnd kocht, restlichen Zucker hinzufügen. Alles unter Rühren wieder zum Kochen bringen und unter ständigem Rühren mindestens 3 Minuten sprudelnd kochen lassen. Den Topf von der Kochstelle nehmen. Zitronensaft und Cashewkerne unterrühren.

6. Das Kochgut evtl. abschäumen und sofort randvoll in vorbereitete Gläser füllen. Die Gläser mit Twist-off-Deckeln® verschließen, umdrehen und etwa 5 Minuten auf den Deckeln stehen lassen.

PAPAYA-APFEL-FRUCHTAUFSTRICH

Zubereitungszeit: 45 Minuten
Haltbarkeit: kühl und dunkel gestellt 3–4 Monate

ZUTATEN FÜR 4 GLÄSER JE ETWA 200 ML

etwa 200 g Papaya (vorbereitet gewogen)
etwa 500 g Äpfel (vorbereitet gewogen)
300 ml heller Traubensaft (Handelsware)
350 g Zucker, Fruchtzucker oder Sorbit*
(oder 25 ml Flüssigsüße)
1 Beutel Gelfix Super 3:1 (25 g)

INSGESAMT:

E: 4 g, F: 3 g, Kh: 476 g, kcal: 1986

1. Papaya halbieren und die Kerne mit einem Löffel herausnehmen. Die Papayahälften schälen, in kleine Stücke schneiden und 200 g abwiegen. Äpfel schälen, vierteln, entkernen, klein schneiden und 500 g abwiegen.

2. Papaya-, Apfelstücke und Traubensaft in einen großen Kochtopf geben. Süßungsmittel mit Gelfix Super mischen, dann mit der Fruchtmasse verrühren (oder Früchte und den Saft in einen großen Kochtopf geben und mit der Flüssigsüße und Gelfix Super gut verrühren).

3. Alles unter Rühren bei starker Hitze zum Kochen bringen und unter ständigem Rühren mindestens 3 Minuten sprudelnd kochen lassen. Topf von der Kochstelle nehmen.

4. Kochgut eventuell abschäumen und sofort randvoll in vorbereitete Gläser füllen. Die Gläser mit Twist-off-Deckeln® verschließen, umdrehen und etwa 5 Minuten auf den Deckeln stehen lassen.

TIPPS:

Sie können nach Belieben nach dem Kochen noch 50 ml Calvados unterrühren.
Fügen Sie mit den Früchten 1–2 Sternanis hinzu. Die Sternanis nach dem Kochen wieder entfernen.

REZEPTVARIANTE:

Für einen **Möhren-Apfel-Fruchtaufstrich** können Sie die Papaya durch 200 g fein geriebene Möhren ersetzen.

* Diabetiker sollten Zuckeraustauschstoffe verwenden.

PAPAYA-KIWI-KONFITÜRE

Zubereitungszeit: 35 Minuten
Haltbarkeit: kühl und dunkel gestellt
3–4 Monate

ZUTATEN FÜR 5 GLÄSER JE ETWA 200 ML

700 g reife Papaya (vorbereitet gewogen)
300 g Kiwis (vorbereitet gewogen)
½–1 Pck. Geriebene Zitronenschale
500 g Extra Gelierzucker 2:1
1 Pck. Zitronensäure (5 g)

INSGESAMT:

E: 7 g, F: 3 g, Kh: 572 g, kcal: 2392

1. Papaya halbieren und die Kerne mit einem Löffel herausnehmen. Die Papayahälften schälen, in kleine Stücke schneiden und 700 g abwiegen. Kiwis schälen, vierteln, in kleine Stücke schneiden und 300 g abwiegen.

2. Papaya-, Kiwistücke und Zitronenschale in einen großen Kochtopf geben, mit Extra Gelierzucker und Zitronensäure gut verrühren. Die Zutaten unter Rühren bei starker Hitze zum Kochen bringen und unter ständigem Rühren mindestens 3 Minuten sprudelnd kochen lassen. Danach den Topf von der Kochstelle nehmen.

3. Das Kochgut evtl. abschäumen und sofort randvoll in vorbereitete Gläser füllen. Die Gläser mit Twist-off-Deckeln® verschließen, umdrehen und etwa 5 Minuten auf den Deckeln stehen lassen.

TIPPS:

Um 700 g Papaya-Fruchtfleisch und 300 g Kiwi-Fruchtfleisch zu bekommen, benötigt man 1 große Papaya (etwa 1 kg) und 3–4 reife Kiwis. Statt 300 g Kiwi-Fruchtfleisch 250 g Kiwi-Fruchtfleisch und 50 ml Aperol verwenden.

PAPRIKA MIT SCHAFSKÄSE, EINGELEGT (IM FOTO RECHTS)

Zubereitungszeit: 35 Minuten, ohne Abkühlzeit
Garzeit: 10–15 Minuten
Durchziehzeit: etwa 5 Tage
Haltbarkeit: gekühlt etwa 10 Tage

ZUTATEN FÜR 4 GLÄSER JE ETWA 200 ML

je 3 rote, gelbe und grüne Paprikaschoten
300 g Schafskäse, im Stück
je 6 Schalotten und Knoblauchzehen
3 kleine rote Chilischoten
Saft von 3 Zitronen
½ TL Salz, frisch gem. Pfeffer
etwa 250 ml Olivenöl

INSGESAMT:

E: 71 g, F: 311 g, Kh: 77 g, kcal: 3393

1. Den Backofen vorheizen.
Ober-/Unterhitze: etwa 220 °C
Heißluft: etwa 200 °C

2. Paprika vierteln, entstielen, entkernen und die weißen Scheidewände entfernen. Schotenviertel waschen, abtropfen lassen, mit der Hautseite nach oben auf ein Backblech (gefettet) legen und für 10–15 Minuten in den vorgeheizten Backofen schieben.

3. Paprikaviertel so lange braten, bis die Haut dunkel wird und Blasen wirft. Das Backblech aus dem Backofen nehmen. Paprikaviertel mit einem feuchten Tuch bedecken und etwas abkühlen lassen. Dann die Haut abziehen.

4. Schafskäse in Würfel schneiden. Schalotten und Knoblauch abziehen, in grobe Stücke schneiden. Chilischoten waschen und abtropfen lassen.

5. Paprika, Schafskäse, Schalotten- und Knoblauchstücke und Chilischoten in vorbereitete Gläser füllen. Mit Zitronensaft, Salz und Pfeffer würzen. Die Gläser randvoll mit Olivenöl auffüllen. Die Gläser mit einem Deckel verschließen und gut gekühlt etwa 5 Tage durchziehen lassen.

6. Eingelegte Paprika mit Schafskäse bis zum Verzehr im Kühlschrank aufbewahren.

PAPRIKASCHOTEN, EINGELEGT (IM FOTO LINKS)

Zubereitungszeit: 35 Minuten
Einkochzeit: etwa 30 Minuten
Haltbarkeit: kühl und dunkel gestellt etwa 6 Monate
▲ Mit Alkohol

ZUTATEN FÜR 2 EINKOCHGLÄSER JE ETWA 500 ML

je 250 g rote, grüne und gelbe Paprikaschoten
½ Bio-Zitrone (unbehandelt, ungewachst)
3 Knoblauchzehen
2 EL frische Majoranblättchen

FÜR DIE ESSIG-ZUCKER-LÖSUNG:

175 ml trockener Weißwein
175 ml Weißweinessig
175 ml Wasser
125 g Zucker
1 ½ TL Salz
1 TL Senfkörner
5 Pimentkörner
5 weiße Pfefferkörner

INSGESAMT:

E: 10 g, F: 4 g, Kh: 161 g, kcal: 898

1. Die Paprikaschoten halbieren, entstielen, entkernen und die weißen Scheidewände entfernen. Die Schotenhälften waschen, abtropfen lassen und dann in grobe Stücke schneiden. Zitrone heiß abwaschen, abtrocknen und in Scheiben schneiden. Knoblauch abziehen und in Scheiben schneiden. Majoranblättchen abspülen und trocken tupfen.

2. Paprikastücke mit Knoblauch-, Zitronenscheiben und Majoranblättchen randvoll in vorbereitete Einkochgläser schichten.

3. Wein, Essig, Wasser, Zucker, Salz und Gewürze in einem Topf zum Kochen bringen. Den Sud etwa 5 Minuten kochen lassen. Den heißen Sud über die Paprikastücke gießen.

4. Jeweils Gummiring und Deckel nass auf den gesäuberten Glasrand legen, mit Klammern verschließen. Gläser auf einen Auflagenrost in den Einkochtopf stellen. So viel kaltes Wasser hinzugießen, dass die Gläser zu ¾ im Wasser stehen.

5. Den Topf verschließen. Die Paprikaschoten etwa 30 Minuten bei etwa 75 °C einkochen. Die Gläser herausnehmen, erkalten lassen und kühl aufbewahren.

PFIRSICH-APRIKOSEN-KONFITÜRE MIT HIMBEERGEIST

Zubereitungszeit: 40 Minuten
Haltbarkeit: kühl und dunkel gestellt etwa 1 Jahr
▲ Mit Alkohol

ZUTATEN FÜR 7 GLÄSER JE ETWA 200 ML

500 g Pfirsiche (vorbereitet gewogen)
500 g Aprikosen (vorbereitet gewogen)
500 g Extra Gelierzucker 2:1
50 ml Himbeergeist

INSGESAMT:

E: 8 g, F: 1 g, Kh: 430 g, kcal: 1920

1. Pfirsiche und Aprikosen abspülen, abtropfen lassen, halbieren, entsteinen, in kleine Stücke schneiden, jeweils 500 g abwiegen.

2. Die Fruchtstücke mit Extra Gelierzucker in einem großen Kochtopf gut verrühren. Die Zutaten unter Rühren bei starker Hitze zum Kochen bringen und unter ständigem Rühren mindestens 3 Minuten sprudelnd kochen lassen.

3. Den Topf von der Kochstelle nehmen und Himbeergeist unterrühren.

4. Das Kochgut evtl. abschäumen und sofort randvoll in vorbereitete Gläser füllen. Gläser mit Twist-off-Deckeln® verschließen, umdrehen und etwa 5 Minuten auf den Deckeln stehen lassen.

PFIRSICH-SEKT-KONFITÜRE

- Zubereitungszeit: 45 Minuten, ohne Entsaftungs- und Abkühlzeit
  Haltbarkeit: kühl und dunkel gestellt etwa 1 Jahr
- ▲ Mit Alkohol

ZUTATEN FÜR 3–4 GLÄSER JE ETWA 200 ML

550 ml Pfirsichsaft (von etwa 950 g Pfirsichen)
200 ml trockener Sekt
400 g Zucker
1 Beutel Gelfix Extra 2:1 (25 g)

INSGESAMT:

E: 4 g, F: 1 g, Kh: 478 g, kcal: 2076

1. Die Pfirsiche abspülen, abtropfen lassen, halbieren, entsteinen, in Stücke schneiden und mithilfe eines Schnellkochtopfes oder Dampfentsafters entsaften (Gebrauchsanleitung des Geräteherstellers beachten). Den Saft abkühlen lassen und 550 ml abmessen.

2. Pfirsichsaft und Sekt in einen großen Kochtopf geben. Abgewogene Zuckermenge mit Gelfix Extra mischen, dann mit der Saft-Sekt-Mischung gut verrühren.

3. Alles unter Rühren bei starker Hitze zum Kochen bringen und unter ständigem Rühren mindestens 3 Minuten sprudelnd kochen lassen. Den Topf von der Kochstelle nehmen.

4. Das Kochgut evtl. abschäumen und sofort randvoll in vorbereitete Gläser füllen. Die Gläser mit Twist-off-Deckeln® verschließen, umdrehen und etwa 5 Minuten auf den Deckeln stehen lassen.

PFLAUMEN, SÜSSSAUER-SCHARF

◷ Zubereitungszeit: 50 Minuten, ohne Kühlzeit
Durchziehzeit: etwa 2 Tage
Haltbarkeit: gekühlt 6 Wochen
▲ Mit Alkohol

ZUTATEN FÜR 2 GLÄSER JE ETWA 500 ML

1 kg Pflaumen
50 g Ingwer
25 g rote Pfefferschoten
Schale von ½ Bio-Zitrone
(unbehandelt, ungewachst)
50 ml Weiß- oder Rotweinessig
300 g brauner Zucker (Kandisfarin)
150 ml Rotwein
150 ml trockener Portwein
1 Zimtstange
1 Msp. Einmach-Hilfe

INSGESAMT:

E: 7 g, F: 2 g, Kh: 412 g, kcal: 1978

1. Pflaumen waschen, gut abtropfen lassen, entstielen, halbieren, entsteinen, vierteln und in eine große Schüssel geben. Ingwer schälen und in dünne Scheiben schneiden.

2. Pfefferschoten abspülen, trocken tupfen, halbieren, entkernen und quer in dünne Streifen schneiden (danach sehr gründlich die Hände waschen!).

3. Zitrone heiß abwaschen, abtrocknen und hauchdünn mit einem Sparschäler schälen.

4. Essig mit Zucker, Rotwein, Portwein, Ingwerscheiben, Pfefferschotenstreifen, Zitronenschale und Zimtstange in einem Topf aufkochen. Die Flüssigkeit über die Pflaumenhälften gießen und zugedeckt über Nacht kalt stellen.

5. Pflaumenviertel in einem Sieb abtropfen lassen, dabei den Sud auffangen. Pflaumenhälften in vorbereitete Gläser schichten. Gläser auf ein feuchtes Tuch stellen.

6. Sud nochmals aufkochen, eventuell mit Essig und Zucker abschmecken. Den Topf von der Kochstelle nehmen und Einmach-Hilfe unterrühren.

7. Den Sud kochend heiß über die Pflaumenhälften gießen, bis sie ganz mit dem Sud bedeckt sind. Die Gläser sofort mit Twist-off-Deckeln® verschließen, erkalten und etwa 2 Tage vor dem Verzehr durchziehen lassen.

TIPP:

Die Pflaumen zu Gänse-, Enten- oder Schweinebraten reichen.

PFLAUMENKETCHUP MIT SCHALOTTEN

◷ Zubereitungszeit: 75 Minuten
Durchziehzeit: etwa 1 Woche
Haltbarkeit: gekühlt etwa 3 Monate
▲ Mit Alkohol

ZUTATEN FÜR 2 FLASCHEN JE ETWA 500 ML

1 kg Pflaumen
250 g Schalotten
2 Knoblauchzehen
80 g Ingwer
abger. Schale von 2 Bio-Orangen (unbehandelt, ungewachst)
125 ml Rotwein
1 EL Essigessenz (25 % Säure)
150 g brauner Rohrzucker
4 getrocknete, zerriebene Chilischoten oder abgetropfte, eingelegte Chilischoten (aus dem Glas)
1 TL gem. Muskatblüte (Macis)
1 TL gem. Zimt
etwas gem. Gewürznelken
Salz

INSGESAMT:

E: 14 g, F: 4 g, Kh: 288 g, kcal: 1335

1. Pflaumen abspülen, abtropfen lassen, entstielen, halbieren und entsteinen. Schalotten und Knoblauch abziehen, in Würfel schneiden. Ingwer schälen und in Würfel schneiden. Orangen heiß abwaschen, abtrocknen und die Schale abreiben. Vorbereitete Zutaten mit den Pflaumenhälften in einen Topf geben.

2. Rotwein, Essigessenz, Rohrzucker, Chilischoten, Muskatblüte, Zimt, Nelken und Salz hinzugeben. Die Zutaten zum Kochen bringen und zugedeckt etwa 15 Minuten bei schwacher Hitze kochen lassen, dabei ab und zu umrühren.

3. Die Masse im offenen Topf unter weiterem, Rühren etwa 30 Minuten einkochen lassen.

4. Das Kochgut anschließend durch ein feines Sieb in einen Topf streichen (am besten mit dem Passierstab des Mixers oder einem Löffel) oder pürieren. Die Ketchupmasse erneut aufkochen und mit den Gewürzen abschmecken.

5. Ketchup sofort randvoll in vorbereitete Flaschen füllen. Flaschen mit Twist-off-Deckeln® verschließen. Flaschen umdrehen und etwa 5 Minuten auf den Deckeln stehen lassen.

TIPPS:

Zu Wild oder gebratenem Fisch reichen.
Wer nur kleine Mengen verbraucht, sollte das Ketchup gleich in kleinere Gläser oder Flaschen (etwa 200 ml) abfüllen.
Das Ketchup sollte vor dem ersten Verzehr etwa 1 Woche durchziehen. Angebrochenes Ketchup hält sich im Kühlschrank 8–10 Tage.

PFLAUMEN-PASSIONS-FRUCHT-KONFITÜRE

(REZEPT OHNE FOTO)

Zubereitungszeit: 40 Minuten
Haltbarkeit: kühl und dunkel gestellt etwa 1 Jahr

ZUTATEN FÜR 5 GLÄSER JE ETWA 200 ML

650 g Pflaumen (vorbereitet gewogen)
350 g grünes Passionsfrucht-Fruchtfleisch (vorbereitet gewogen)
350 g Zucker, Fruchtzucker oder Sorbit*
1 Beutel Gelfix Super 3:1 (25 g)

INSGESAMT:

E: 12 g, F: 3 g, Kh: 476 g, kcal: 2055

1. Pflaumen waschen, trocken tupfen, entstielen, halbieren, entsteinen, in kleine Stücke schneiden und 650 g abwiegen. Passionsfrüchte halbieren. Die geleeartige Fruchtmasse mit den Samenkernchen herauslösen und 350 g abwiegen.

2. Die Früchte in einen großen Kochtopf geben. Abgewogenes Süßungsmittel (Zucker, für Diabetiker Fruchtzucker oder Sorbit) mit Gelfix Super mischen, dann mit der Fruchtmasse verrühren. Die Zutaten unter Rühren bei starker Hitze zum Kochen bringen und mindestens 3 Minuten unter ständigem Rühren sprudelnd kochen lassen. Topf von der Kochstelle nehmen.

3. Das Kochgut eventuell abschäumen und sofort randvoll in vorbereitete Gläser füllen, mit Twist-off-Deckeln® verschließen, umdrehen und etwa 5 Minuten auf dem Deckel stehen lassen.

* Diabetiker sollen Zuckeraustauschstoffe verwenden.

PITAHAYA-KONFITÜRE

Zubereitungszeit: 35 Minuten
Haltbarkeit: kühl und dunkel gestellt 3–4 Monate
▲ Mit Alkohol

ZUTATEN FÜR 5 GLÄSER JE ETWA 200 ML

3–4 rote Pitahaya-Früchte
300 ml Ananassaft
1 EL Zitronensaft
500 g Extra Gelierzucker 2:1
2 EL Rum

INSGESAMT:

E: 7 g, F: 3 g, Kh: 565 g, kcal: 2393

1. Pitahayas halbieren und das Fruchtfleisch jeweils mit einem Löffel herauslösen. Das Fruchtfleisch mit einer Gabel zerdrücken, mit dem entstandenen Fruchtsaft insgesamt 600 g abwiegen und in einen Kochtopf geben.

2. Ananas-, Zitronensaft und Extra Gelierzucker hinzufügen und gut verrühren. Die Zutaten unter Rühren bei starker Hitze zum Kochen bringen und unter ständigem Rühren mindestens 3 Minuten sprudelnd kochen lassen. Den Topf von der Kochstelle nehmen. Rum unterrühren.

3. Das Kochgut evtl. abschäumen und sofort randvoll in vorbereitete Gläser füllen. Gläser mit Twist-off-Deckeln® verschließen, umdrehen und etwa 5 Minuten auf den Deckeln stehen lassen.

4. Die Gläser während des Erkaltens gelegentlich umdrehen, damit sich die Pitahayakerne gleichmäßig verteilen.

PREISELBEERKONFITÜRE

(REZEPT OHNE FOTO)

● Zubereitungszeit: 40 Minuten
Haltbarkeit: kühl und dunkel gestellt 3–4 Monate
▲ Mit Alkohol

ZUTATEN FÜR 5 GLÄSER JE ETWA 200 ML

850 g Preiselbeeren (vorbereitet gewogen)
125 ml roter Portwein
1 Beutel Gelfix Classic 1:1 (20 g)
1150 g Zucker

INSGESAMT:

E: 3 g, F: 5 g, Kh: 1222 g, kcal: 5132

1. Preiselbeeren verlesen, abspülen, gut abtropfen lassen und 850 g abwiegen. Die Preiselbeeren mit dem Portwein in einen großen Kochtopf geben. Gelfix Classic zuerst mit 2 Esslöffeln der abgewogenen Zuckermenge mischen, dann mit der Preiselbeermasse gut verrühren.

2. Die Zutaten unter Rühren bei starker Hitze zum Kochen bringen. Sobald alles bei ständigem Rühren sprudelnd kocht, restlichen Zucker hinzufügen.

3. Alles unter Rühren wieder zum Kochen bringen und unter ständigem Rühren etwa 3 Minuten sprudelnd kochen lassen. Danach den Topf von der Kochstelle nehmen.

4. Das Kochgut evtl. abschäumen und sofort randvoll in vorbereitete Gläser füllen. Die Gläser mit Twist-off-Deckeln® verschließen, umdrehen und etwa 5 Minuten auf den Deckeln stehen lassen.

PREISELBEER-RELISH

● Zubereitungszeit: 30 Minuten
Haltbarkeit: kühl, dunkel und trocken gestellt etwa 6 Monate
▲ Mit Alkohol

ZUTATEN FÜR 5 GLÄSER JE ETWA 200 ML

800 g Preiselbeeren (vorbereitet gewogen)
200 ml Cidre (Apfelwein)
250 g Extra Gelierzucker 2:1
1 Msp. gem. Gewürznelken
½ TL gem. Zimt

INSGESAMT:

E: 3 g, F: 4 g, Kh: 317 g, kcal: 1435

1. Preiselbeeren verlesen, abspülen, abtropfen lassen und 800 g abwiegen. Preiselbeeren mit Cidre, Gelierzucker, Nelken und Zimt in einen Kochtopf geben, unter Rühren zum Kochen bringen und etwa 5 Minuten ohne Deckel kochen lassen, dabei ab und zu umrühren.

2. Das Relish sofort randvoll in vorbereitete Gläser füllen, mit Twist-off-Deckeln® verschließen, umdrehen und etwa 5 Minuten auf den Deckeln stehen lassen.

TIPP:

Das Relish zu Geflügelgerichten, Gegrilltem oder Fleisch-Fondue reichen.

QUITTENGELEE MIT BASILIKUM

Zubereitungszeit: 60 Minuten, ohne Abtropfzeit
Garzeit: etwa 40 Minuten
Haltbarkeit: kühl und dunkel gestellt
3–4 Monate

ZUTATEN FÜR 4 GLÄSER JE ETWA 200 ML

2 kg reife Quitten
5 EL Zitronensaft
1 l Wasser
5 Stängel Basilikum
100 g brauner Zucker (Rohrzucker)
300 g Zucker
1 Beutel Gelfix Extra 2:1 (25 g)

INSGESAMT:

E: 3 g, F: 3 g, Kh: 478 g, kcal: 2004

1. Von den Quitten den Flaum mit einem trockenen Tuch abreiben. Quitten abspülen, abtropfen lassen, vierteln, Kerne und Blütenansätze entfernen. Quittenviertel in etwa 1 cm dicke Scheiben schneiden.

2. Die Quittenscheiben mit Zitronensaft und Wasser in einem großen Kochtopf mischen, zum Kochen bringen und zugedeckt etwa 40 Minuten bei schwacher Hitze kochen lassen.

3. Ein Sieb mit einem feuchten Geschirrtuch (Mulltuch) auslegen. Quittenscheiben mit dem Saft hineingeben und abtropfen lassen, dabei den Saft auffangen.

4. Anschließend die Quittenscheiben mithilfe des Tuches ausdrücken und den Saft ebenfalls auffangen. Insgesamt 750 ml Saft abmessen.

5. Basilikum abspülen und trocken tupfen. Die Blättchen von den Stängeln zupfen.

6. Den abgemessenen Saft in einen großen Kochtopf geben. Beide Zuckersorten mit Gelfix Extra mischen und mit dem Fruchtsaft gut verrühren.

7. Alles unter Rühren bei starker Hitze zum Kochen bringen und unter ständigem Rühren mindestens 3 Minuten sprudelnd kochen lassen. Basilikumblättchen in Streifen schneiden.

8. Den Topf von der Kochstelle nehmen. Das Kochgut evtl. abschäumen und Basilikumstreifen unterrühren.

9. Das Kochgut sofort randvoll in vorbereitete Gläser füllen.

10. Gläser mit Twist-off-Deckeln® verschließen, umdrehen und etwa 5 Minuten auf den Deckeln stehen lassen.

11. Gläser während des Erkaltens gelegentlich umdrehen, damit sich die Basilikumstreifen besser verteilen.

TIPPS:

Das Gelee schmeckt gut zu Quark, Frischkäse oder Camembert.
Etwas Gelee und einige rosa Pfefferbeeren in den Bratensaft von Rindersteaks gerührt, gibt dem Bratensaft eine leichte Bindung und einen fein würzigen Geschmack.

QUITTENLIKÖR MIT WEINBRAND UND VANILLE

◷ Zubereitungszeit: 60 Minuten, ohne Abkühlzeit
Garzeit: 60–90 Minuten
Durchziehzeit: etwa 4 Wochen
Haltbarkeit: gekühlt 6–12 Monate
▲ Mit Alkohol

ZUTATEN FÜR 1 GLAS ETWA 3,5 L

1½ kg Quitten
1 l Wasser
1 kg Zucker
1 Vanilleschote
2 l Weinbrand (43 Vol.-%)

INSGESAMT:

E: 1 g, F: 0,5 g, Kh: 1061 g, kcal: 8888

1. Von den Quitten den Flaum mit einem trockenen Tuch abreiben. Quitten schälen, halbieren, entkernen und in Spalten schneiden.

2. Wasser und Zucker in einem Topf zum Kochen bringen. Dann Quitten hinzugeben und 60–90 Minuten bei schwacher Hitze kochen lassen. Etwa 30 Minuten vor Ende der Garzeit Vanilleschote halbieren, das Mark mit einem Messerrücken herausschaben und zu den Quitten geben. Die Vanilleschote beiseitelegen. Den Topf von der Kochstelle nehmen. Quitten etwas abkühlen lassen und Weinbrand unterrühren.

3. Den Quittenlikör und die beiseitegelegte Vanilleschote in ein großes, gründlich gereinigtes, gespültes Glas füllen. Das Glas gut verschließen. Den Likör etwa 4 Wochen bei Zimmertemperatur durchziehen lassen. Anschließend durch ein feines Sieb gießen, in 3–5 gründlich gereinigte, gespülte Flaschen füllen, fest verschließen und gekühlt aufbewahren.

TIPPS:

Die ausgekratzte Vanilleschote nicht wegwerfen. Nach dem Abfüllen des Likörs die Schote klein schneiden und mit in die Flaschen geben. Die Schote verleiht dem Likör zusätzlich ein tolles Vanillearoma.
Die eingelegten und herausgefilterten Quitten schmecken toll zu einem Dessert, z. B. Vanille-Pudding.

QUITTEN-MANGO-FRUCHTAUFSTRICH

Zubereitungszeit: 40 Minuten
Haltbarkeit: kühl und dunkel gestellt etwa 6 Monate

ZUTATEN FÜR 4 GLÄSER JE ETWA 250 ML

etwa 1,2 kg reife Quitten
1 große Mango (etwa 600 g)
1 Bio-Limette (unbehandelt, ungewachst)
2–3 Limetten
350 g Diät Gelier-Fruchtzucker 3:1

INSGESAMT:

E: 7 g, F: 7 g, Kh: 610 g, kcal: 2718

1. Von den Quitten den Flaum mit einem trockenen Tuch abreiben. Quitten abspülen, abtropfen lassen und vierteln. Blüten-, Stielansätze und Kerne herausschneiden. Die Quitten mit einem Sparschäler fein schälen. 650 g abwiegen, sehr fein würfeln oder raspeln und in einen großen Topf geben.

2. Mango-Fruchtfleisch vom Stein schneiden und schälen. 350 g Mango-Fruchtfleisch abwiegen, in feine Würfel schneiden und mit den Quittenwürfeln oder -raspeln vermischen.

3. Die Bio-Limette heiß waschen, abtrocknen und die Schale fein abreiben. Alle Limetten halbieren und den Saft auspressen. 80–90 ml abmessen. Limettenschale, -saft und Gelier-Fruchtzucker in den Topf geben und alles gründlich miteinander vermischen.

4. Die Zutaten unter Rühren bei starker Hitze zum Kochen bringen und unter ständigem Rühren mindestens 3 Minuten sprudelnd kochen lassen. Den Kochtopf von der Kochstelle nehmen.

5. Das Kochgut evtl. abschäumen, sofort randvoll in vorbereitete Gläser füllen. Die Gläser mit Twist-off-Deckeln® verschließen, umdrehen und etwa 5 Minuten auf den Deckeln stehen lassen.

RADIESCHEN-MÖHREN-KONFITÜRE

Zubereitungszeit: 30 Minuten
Haltbarkeit: kühl und dunkel gestellt 2–3 Monate

ZUTATEN FÜR 3 GLÄSER JE ETWA 150 ML

etwa 300 g Radieschen
etwa 200 g Möhren
125 ml frisch gepresster Orangensaft
1 TL fein gehackter Ingwer
250 g Extra Gelierzucker 2:1

INSGESAMT:

E: 5 g, F: 1 g, Kh: 271 g, kcal: 1138

1. Radieschen und Möhren putzen. Möhren schälen. Radieschen und Möhren abspülen, gut abtropfen lassen und auf der Gemüsereibe fein raspeln. 250 g Radieschen- und 125 g Möhrenraspel abwiegen.

2. Die Gemüseraspel mit Orangensaft, gehacktem Ingwer und Gelierzucker in einem Kochtopf gut verrühren.

3. Die Zutaten unter Rühren bei starker Hitze zum Kochen bringen und unter ständigem Rühren mindestens 3 Minuten sprudelnd kochen lassen. Den Kochtopf von der Kochstelle nehmen.

4. Das Kochgut evtl. abschäumen und sofort randvoll in vorbereitete Gläser füllen. Gläser mit Twist-off-Deckeln® verschließen, umdrehen und etwa 5 Minuten auf den Deckeln stehen lassen.

TIPPS:

Die Konfitüre zu kaltem Braten- oder Geflügelaufschnitt reichen.
Oder Wraps mit der Konfitüre bestreichen und mit einer Hackfleischfüllung füllen.
Auch als pikante Beilage zu Fleisch-Fondue lecker.

RATATOUILLE, EINGEMACHT (WARM ODER KALT)

Zubereitungszeit: 40 Minuten
Haltbarkeit: kühl und dunkel gestellt mindestens 1–2 Monate

ZUTATEN FÜR 6 GLÄSER JE ETWA 500 ML

2 kg Paprikaschoten (rot, gelb, grün)
2 Gemüsezwiebeln, geschält (etwa 500 g)
6 Knoblauchzehen
10 EL Olivenöl
500 ml Schältomaten oder stückige Tomaten (Tetrapak)
Salz, gem. Pfeffer
2 mittelgroße Auberginen (etwa 440 g)
2 mittelgroße Zucchini (etwa 440 g)
1 Stängel Rosmarin
2 Stängel Thymian
Zucker

INSGESAMT:

E: 44 g, F: 109 g, Kh: 140 g, kcal: 1739

1. Paprikaschoten halbieren, entstielen, entkernen und die weißen Scheidewände entfernen. Die Schoten abspülen, abtropfen lassen und in 2–3 cm große Stücke schneiden. Zwiebeln und Knoblauch abziehen. Zwiebeln halbieren und in kleine Würfel schneiden. Knoblauch durch eine Knoblauchpresse drücken.

2. Drei Esslöffel des Olivenöls in einem großen Bräter oder Topf erhitzen. Zwiebelwürfel darin portionsweise etwa 5 Minuten unter Rühren goldgelb anbraten. Paprikastücke und Knoblauch portionsweise hinzugeben und weitere etwa 5 Minuten mitbraten lassen. Schältomaten oder stückige Tomaten hinzugeben, mit etwas Salz und Pfeffer würzen. Die Zutaten bei mittlerer Hitze unter gelegentlichem Rühren etwas sämig bis dickflüssig einkochen lassen.

3. Danach Auberginen und Zucchini abspülen, abtrocknen und die Stängelansätze bzw. Enden abschneiden. Auberginen und Zucchini in 2–3 cm große Würfel schneiden.

4. Restliches Olivenöl in einer großen, weiten Pfanne erhitzen. Die Auberginen- und Zucchiniwürfel darin nacheinander unter Rühren anbraten. Mit Salz und Pfeffer würzen. Rosmarin und Thymian abspülen und trocken tupfen. Die Nadeln bzw. Blättchen von den Stängeln zupfen. Nadeln und Blättchen klein schneiden.

5. Die Auberginen- und Zucchiniwürfel sowie die klein geschnittenen Kräuter zum etwas sämig eingekochten Zwiebel-Paprika-Tomaten-Gemisch geben und gut vermengen. Nochmals mit Salz, Pfeffer und etwas Zucker abschmecken.

6. Die heiße Ratatouillemasse sofort randvoll in vorbereitete Gläser füllen. Gläser mit Twist-off-Deckeln® verschließen, umdrehen und etwa 5 Minuten auf den Deckeln stehen lassen. Ratatouille kühl und dunkel stellen.

TIPP:

Schmeckt kalt lecker zu Gegrilltem, warm auf Crostini oder als Beilage zu Lammgerichten.

RHABARBERKONFITÜRE
(REZEPT OHNE FOTO)

Zubereitungszeit: 50 Minuten
Haltbarkeit: kühl und dunkel gestellt etwa 1 Jahr

ZUTATEN FÜR 7 GLÄSER JE ETWA 200 ML

1 kg Rhabarber (vorbereitet gewogen)
1 Beutel Gelfix Classic 1:1 (20 g)
1150 g Zucker

INSGESAMT:

E: 13 g, F: 11 g, Kh: 553 g, kcal: 2530

1. Den Rhabarber putzen, abspülen, abtrocknen (nicht abziehen), die Stielenden und Blattansätze entfernen. Die Rhabarberstangen in sehr kleine Stücke schneiden und 1 kg abwiegen. Rhabarberstücke in einen großen Kochtopf geben.

2. Gelfix Classic zuerst mit 2 Esslöffeln der abgewogenen Zuckermenge mischen, dann mit den Rhabarberstücken gut verrühren.

3. Die Zutaten unter Rühren bei starker Hitze zum Kochen bringen. Sobald alles bei ständigem Rühren sprudelnd kocht, restlichen Zucker hinzufügen. Alles unter Rühren wieder zum Kochen bringen und unter ständigem Rühren mindestens 3 Minuten sprudelnd kochen lassen. Den Topf von der Kochstelle nehmen.

4. Das Kochgut evtl. abschäumen und sofort randvoll in vorbereitete Gläser füllen.

5. Die Gläser mit Twist-off-Deckeln® verschließen, umdrehen und etwa 5 Minuten auf den Deckeln stehen lassen.

TIPPS:

2 Teelöffel fein gewürfelten Ingwer mit Gelfix Classic in die Fruchtmasse geben und wie beschrieben weiterverarbeiten.
2–3 Esslöffel Amaretto unter die fertig gekochte Konfitüre rühren.

RHABARBER-ORANGEN-CHUTNEY

Zubereitungszeit: 80 Minuten
Durchziehzeit: 3–4 Wochen
Haltbarkeit: kühl, dunkel und trocken gestellt 6–9 Monate

ZUTATEN FÜR 3–4 GLÄSER JE 200 ML

250 g Rhabarber
120 g Zwiebeln
Schale und Saft von 1 Bio-Orange (unbehandelt, ungewachst)
100 g getrocknete Feigen
25 g Rosinen oder Sultaninen
220 g Zucker
220 ml Sherryessig
1 gestr. EL Senfkörner
8 Pimentkörner
1 gestr. EL schwarze Pfefferkörner

INSGESAMT:

E: 11 g, F: 3 g, Kh: 319 g, kcal: 1423

1. Von dem Rhabarber Stielenden und Blattansätze entfernen. Rhabarberstangen abziehen, waschen, abtropfen lassen und in feine Scheiben schneiden. Zwiebeln abziehen und in kleine Würfel schneiden.

2. Orange heiß abwaschen, abtrocknen und die Schale abreiben. Orange halbieren und den Saft auspressen. Getrocknete Feigen in kleine Würfel schneiden.

3. Vorbereitete Zutaten mit Rosinen oder Sultaninen, Zucker und Essig in einen Topf geben. Senf-, Pimentkörner und grob zerdrückte Pfefferkörner in ein Gewürzsäckchen geben und ebenfalls mit in den Topf geben.

4. Die Zutaten bei schwacher Hitze langsam erwärmen, bis der Zucker aufgelöst ist. Anschließend zum Kochen bringen und etwa 1 Stunde bei schwacher Hitze unter gelegentlichem Rühren leicht köcheln lassen, bis das Chutney eine marmeladenartige Konsistenz hat. Den Topf von der Kochstelle nehmen.

5. Gewürzsäckchen herausnehmen und die Flüssigkeit aus dem Säckchen in das Chutney drücken. Chutney in vorbereitete Gläser füllen, mit Twist-off-Deckeln® verschließen, umdrehen und etwa 5 Minuten auf den Deckeln stehen lassen.

6. Rhabarber-Orangen-Chutney gekühlt, dunkel und trocken gestellt vor dem Verzehr 3–4 Wochen durchziehen lassen.

ROTE BETE, WÜRZIG EINGELEGT

Zubereitungszeit: 50 Minuten
Garzeit: etwa 60 Minuten
Haltbarkeit: dunkel gestellt etwa 6 Monate

ZUTATEN FÜR 3 GLÄSER JE ETWA 500 ML

4 große Knollen Rote Bete (etwa 1 kg)
5 Zwiebeln
2 Lorbeerblätter
12–15 Gewürznelken
12–15 Pimentkörner
1 EL Senfsamen

FÜR DIE ESSIG-ZUCKER-LÖSUNG:

500 ml Wasser
75 g Zucker, 1 gestr. TL Salz
250 ml Weißweinessig

INSGESAMT:

E: 21 g, F: 7 g, Kh: 163 g, kcal: 854

1. Von der Roten Bete Wurzeln und Blätter etwa 3 cm hoch über den Knollen abschneiden. Die Knollen mit der Bürste unter fließendem Wasser säubern, in kochendes Salzwasser (auf 1 l Wasser 1 TL Salz) geben, zum Kochen bringen und zugedeckt etwa 60 Minuten weich kochen lassen. Rote Bete aus dem Kochwasser nehmen, mit kaltem Wasser übergießen, schälen, vierteln und in Scheiben schneiden.

2. Zwiebeln abziehen und in Scheiben schneiden. Lorbeerblätter in kleine Stücke brechen. Danach die Rote-Bete-Scheiben mit Zwiebelscheiben, Lorbeerblattstückchen, Nelken, Piment- und Senfkörnern gleichmäßig in vorbereitete Gläser schichten.

3. Für die Essig-Zucker-Lösung Wasser mit Zucker und Salz in einem Topf kurz aufkochen lassen. Topf von der Kochstelle nehmen. Essig unterrühren.

4. Die Essig-Zucker-Lösung über die Rote-Bete-Scheiben gießen. Die Gläser sofort mit Twist-off-Deckeln® verschließen, umdrehen und etwa 5 Minuten auf den Deckeln stehen lassen.

ROTE-BETE-KONFITÜRE

Zubereitungszeit: 30 Minuten
Haltbarkeit: kühl und dunkel gestellt 2–3 Monate

ZUTATEN FÜR 3–4 GLÄSER JE ETWA 150 ML

etwa 500 g Rote Bete
1 Bio-Zitrone
(unbehandelt, ungewachst)
2 Zitronen
75 ml Apfelschorle
250 g Extra Gelierzucker 2:1

INSGESAMT:

E: 6 g, F: 1 g, Kh: 283 g, kcal: 1199

1. Rote Bete unter fließendem kalten Wasser gründlich abbürsten, schälen (am besten mit Gummihandschuhen, da die Rote Bete stark färbt), abspülen, abtropfen lassen. Rote Bete auf einer Haushaltsreibe fein raspeln und 350 g abwiegen.

2. Die Bio-Zitrone heiß abwaschen, abtrocknen und von ½ Zitrone die Schale fein abreiben. Alle Zitronen halbieren, auspressen und 75 ml Saft abmessen.

3. Die Rote-Bete-Raspel mit der abgeriebenen Zitronenschale und dem Saft, der Apfelschorle und dem Gelierzucker in einem Kochtopf gut verrühren.

4. Die Zutaten unter Rühren bei starker Hitze zum Kochen bringen und unter ständigem Rühren mindestens 3 Minuten sprudelnd kochen lassen Den Kochtopf von der Kochstelle nehmen.

5. Das Kochgut sofort randvoll in vorbereitete Gläser füllen. Gläser mit Twist-off-Deckeln® verschließen, umdrehen und etwa 5 Minuten auf den Deckeln stehen lassen.

TIPPS:

Rote-Bete-Konfitüre z. B. zu würzigem Käse und Nussbrot oder mit frisch geriebenem Meerrettich zu gekochtem Rindfleisch reichen.
Die Konfitüre gibt auch Rotkohlgemüse eine neue Geschmacksnote.

ROTWEIN-PFLAUMEN, SÜSSSAUER

Zubereitungszeit: 20 Minuten
Einkochzeit: etwa 30 Minuten
Haltbarkeit: gekühlt etwa 6 Monate
▲ Mit Alkohol

ZUTATEN FÜR 3 DRAHTBÜGELGLÄSER JE ETWA 500 ML

1½ kg Pflaumen
100 ml Weißweinessig
100 ml Wasser
1–2 Gewürznelken
1–2 Zimtstangen
1 Stück getrockneter Ingwer
Schale von ½ Bio-Zitrone (unbehandelt, ungewachst)
250 g brauner Kandiszucker
300 ml Rotwein

INSGESAMT:

E: 9 g, F: 1 g, Kh: 372 g, kcal: 1797

1. Pflaumen waschen, gut abtropfen lassen und in Einkochgläsern verteilen.

2. Essig, Wasser, Nelken, Stangenzimt, Ingwer, Zitronenschale und Kandiszucker in einem Topf zum Kochen bringen. So lange unter Rühren kochen lassen, bis sich der Kandis vollständig aufgelöst hat. Die Gewürze mit einer Schaumkelle aus dem Sud nehmen. Rotwein unterrühren. Den Rotweinsud über die Pflaumen gießen.

3. Jeweils Gummiring und Deckel nass auf den gesäuberten Glasrand legen, mit Bügel oder Feder verschließen. Gläser auf einem Einsatz in den Einkochtopf stellen, so viel kaltes Wasser hinzugießen, dass die Gläser zu ¾ von Wasser umgeben sind. Den Topf verschließen. Die Pflaumen etwa 30 Minuten bei etwa 75 °C einkochen. Die Gläser herausnehmen, erkalten lassen und kühl aufbewahren.

RÜBCHEN, EINGELEGT

- Zubereitungszeit: 35 Minuten
  Garzeit: 30–60 Minuten
  Einkochzeit: etwa 35 Minuten
  Durchziehzeit: mindestens 3 Wochen
  Haltbarkeit: kühl und dunkel gestellt mindestens 6–9 Monate
- ▲ Mit Alkohol

ZUTATEN FÜR 4 GLÄSER JE ETWA 750 ML

1 kg kleine weiße Rüben
1 kg kleine rote Rüben
2 TL Kümmelsamen, ganz
400 g kleine Zwiebeln
6 Knoblauchzehen
50 g Ingwer
2 TL schwarze Pfefferkörner
1 TL Pimentkörner, ganz
250 ml Rotwein
750 ml Obstessig
500 ml Wasser
3–4 EL brauner Zucker
4 gestr. TL Salz

INSGESAMT:

E: 41 g, F: 4 g, Kh: 259 g, kcal: 1531

1. Die Rüben vorsichtig unter fließendem kalten Wasser abbürsten, dabei die kleinen Wurzeln nicht abreißen oder abschneiden, da die Rüben sonst beim Garen ausbluten.

2. Salzwasser in einem großen Topf zum Kochen bringen. Kümmel und die ungeschälten roten Rüben hinzugeben. Die roten Rüben zugedeckt 30–60 Minuten (je nach Größe) bei schwacher Hitze garen.

3. Inzwischen den Backofen vorheizen.
Ober-/Unterhitze: etwa 120 °C
Heißluft: etwa 100 °C

4. Eine Fettpfanne zur Hälfte mit Wasser füllen und in den Backofen schieben.

5. Zwiebeln und Knoblauch abziehen. Zwiebeln zuerst in Scheiben schneiden, dann in Ringe teilen. Knoblauch in Scheiben schneiden. Den Ingwer schälen und ebenfalls in Scheiben schneiden. Pfeffer- und Pimentkörner grob zerstoßen.

6. Rüben, Zwiebelringe, Knoblauch- und Ingwerscheiben abwechselnd in vorbereitete Gläser füllen.

7. Wein, Essig, Wasser, Pfeffer-, Pimentkörner, Zucker und Salz in einem Topf zum Kochen bringen. Die Flüssigkeit noch heiß über das Rüben-Zwiebel-Ingwer-Gemisch gießen, sodass die Zutaten bedeckt sind. Die Gläser sofort mit Twist-off-Deckeln® verschließen.

8. Die Gläser in die vorbereitete Fettpfanne stellen. Die Rübchen etwa 35 Minuten einkochen (sterilisieren).

9. Die Gläser kalt und dunkel stellen. Die eingelegten Rübchen mindestens 3 Wochen vor dem Servieren ziehen lassen.

SANDDORNGELEE

Zubereitungszeit: 15 Minuten
Haltbarkeit: kühl und dunkel gestellt etwa 1 Jahr

ZUTATEN FÜR 5 GLÄSER JE ETWA 200 ML

900 ml ungesüßter Sanddorn-Direktsaft
500 g Extra Gelierzucker 2:1

INSGESAMT:

E: 13 g, F: 64 g, Kh: 517 g, kcal: 2780

1. Sanddornsaft mit Extra Gelierzucker in einem großen Kochtopf gut verrühren.

2. Alles unter Rühren bei starker Hitze zum Kochen bringen und unter ständigem Rühren mindestens 3 Minuten sprudelnd kochen lassen. Den Topf von der Kochstelle nehmen.

3. Kochgut eventuell abschäumen und sofort randvoll in vorbereitete Gläser füllen. Die Gläser mit Twist-off-Deckeln® verschließen, umdrehen und etwa 5 Minuten auf den Deckeln stehen lassen.

TIPP:

Sie können den Saft auch selbst pressen. Dafür 1 ½ kg Sanddornbeeren verlesen, waschen, gut abtropfen lassen und in einem Topf mit Wasser bedeckt zum Kochen bringen. Sanddornbeeren bei schwacher Hitze einige Minuten kochen lassen. Den Fruchtbrei auf ein gespanntes Safttuch geben und gut ablaufen lassen. 900 ml Saft abmessen.

SANDDORN-ORANGEN-AUFSTRICH

◔ Zubereitungszeit: 25 Minuten
Haltbarkeit: kühl und dunkel gestellt 3–4 Monate

ZUTATEN FÜR 4 GLÄSER JE ETWA 200 ML

660 ml Sanddorn-Direktsaft (100 %, aus der Flasche)
90 ml Orangensaft (Handelsware)
1 Beutel Gelfix Extra 2:1 (25 g)
400 g Zucker

INSGESAMT:

E: 7 g, F: 16 g, Kh: 432 g, kcal: 1937

1. Sanddorn-Direktsaft und Orangensaft in einen großen Kochtopf geben. Gelfix Extra mit Zucker mischen und mit dem Saft gut verrühren.

2. Die Zutaten unter Rühren bei starker Hitze zum Kochen bringen und unter ständigem Rühren mindestens 3 Minuten sprudelnd kochen lassen. Den Topf von der Kochstelle nehmen.

3. Das Kochgut evtl. abschäumen und sofort randvoll in vorbereitete Gläser füllen. Gläser mit Twist-off-Deckeln® verschließen, umdrehen und etwa 5 Minuten auf den Deckeln stehen lassen.

TIPP:

Sanddorn-Direktsaft bekommen Sie in Bio-Läden oder -abteilungen.

SAUERKIRSCH-ARONIA-KONFITÜRE

Zubereitungszeit: 25 Minuten
Haltbarkeit: kühl und dunkel gestellt 8–10 Monate

ZUTATEN FÜR 3 GLÄSER JE ETWA 400 ML

750 g aufgetaute TK-Sauerkirschen oder frische, entsteinte Sauerkirschen (von etwa 850 g Sauerkirschen)
250 ml Aronia-Muttersaft (direkt gepresst, z. B. aus dem Reformhaus)
2 große Stängel Zitronengras
1 Beutel Gelfix Extra 2:1 (25 g), 500 g Zucker

INSGESAMT:

E: 7 g, F: 4 g, Kh: 619 g, kcal: 2618

1. Die Kirschen in kleine Stücke schneiden, in einen großen Topf geben und den Aroniasaft hinzugießen. Vom Zitronengras die äußeren Hüllen ablösen, die Stiele leicht platt klopfen und mit in den Topf geben.

2. Gelfix und Zucker gründlich vermischen, zu den Kirschen geben und alle Zutaten verrühren.

3. Die Zutaten unter Rühren bei starker Hitze zum Kochen bringen und unter ständigem Rühren mindestens 3 Minuten sprudelnd kochen lassen. Den Kochtopf von der Kochstelle nehmen. Die Zitronengrasstängel entfernen.

4. Das Kochgut evtl. abschäumen, sofort randvoll in vorbereitete Gläser füllen. Die Gläser mit Twist-off-Deckel® verschließen, umdrehen und etwa 5 Minuten auf den Deckeln stehen lassen.

TIPP:

Die Aroniabeere ist auch unter der Bezeichnung Apfelbeere bekannt.

SAUERKIRSCHGELEE

(REZEPT OHNE FOTO)

Zubereitungszeit: 40 Minuten, ohne Entsaftungszeit
Haltbarkeit: kühl und dunkel gestellt etwa 1 Jahr

ZUTATEN FÜR 6–7 GLÄSER JE ETWA 200 ML

850 ml Sauerkirschsaft (ungesüßt, von etwa 1 ½ kg entsteinten Sauerkirschen)
1 Beutel Gelfix Classic 1:1 (20 g)
1 kg Zucker, 1 Pck. Zitronensäure (5 g)

INSGESAMT:

E: 3 g, F: 4 g, Kh: 1105 g, kcal: 4544

1. Zum Entsaften Sauerkirschen abspülen, abtropfen lassen, entstielen und entkernen. Sauerkirschen mithilfe eines Schnellkochtopfes oder Dampfentsafters entsaften (Gebrauchsanleitung des Geräteherstellers beachten). Vom Saft 850 ml abmessen.

2. Den Sauerkirschsaft in einen hohen Kochtopf geben. Gelfix Classic zuerst mit 2 Esslöffeln der abgewogenen Zuckermenge mischen, dann mit dem Saft und der Zitronensäure gut verrühren.

3. Die Zutaten unter Rühren bei starker Hitze zum Kochen bringen. Sobald alles bei ständigem Rühren sprudelnd kocht, restlichen Zucker hinzufügen.

4. Alles unter Rühren wieder zum Kochen bringen und unter ständigem Rühren mindestens 3 Minuten sprudelnd kochen lassen. Den Topf von der Kochstelle nehmen. Das Kochgut evtl. abschäumen und sofort randvoll in vorbereitete Gläser füllen. Die Gläser mit Twist-off-Deckeln® verschließen, umdrehen und etwa 5 Minuten auf den Deckeln stehen lassen.

SAUERKIRSCHGELEE MIT GRÜNEM PFEFFER

Zubereitungszeit: 15 Minuten
Haltbarkeit: kühl und dunkel gestellt 3–4 Monate

ZUTATEN FÜR 5 GLÄSER JE ETWA 200 ML

1–2 TL eingelegter, grüner Pfeffer
750 ml Apfel-Kirsch-Saft (ungesüßt, Handelsware)
400 g Zucker
1 Beutel Gelfix Extra 2:1 (25 g)

INSGESAMT:

E: 2 g, F: 2 g, Kh: 502 g, kcal: 2069

1. Die Pfefferkörner in einem Sieb unter fließendem kalten Wasser abspülen, abtropfen lassen und klein schneiden.

2. Saft in einen großen Kochtopf geben. Zucker mit Gelfix Extra mischen und unter den Saft rühren.

3. Die Zutaten unter Rühren bei starker Hitze zum Kochen bringen und unter ständigem Rühren mindestens 3 Minuten sprudelnd kochen lassen. Den Topf von der Kochstelle nehmen.

4. Das Kochgut evtl. abschäumen, Pfefferstückchen unterrühren. Das Kochgut sofort randvoll in vorbereitete Gläser füllen. Die Gläser mit Twist-off-Deckeln® verschließen, umdrehen und etwa 5 Minuten auf den Deckeln stehen lassen.

5. Die Gläser während des Erkaltens gelegentlich umdrehen, damit sich die Pfefferstückchen gleichmäßig verteilen.

TIPPS:

Das Sauerkirschgelee schmeckt gut zu Frischkäse oder leicht erwärmt als Sauce zu warmem Schokoladenkuchen.
Anstelle des grünen Pfeffers können Sie sehr gut Senfkörner verwenden. Dann schmeckt das Sauerkirschgelee besonders gut zu Wild und Sauerbraten.

SAUERKIRSCHKONFITÜRE

Zubereitungszeit: 90 Minuten, ohne Entsaftungszeit
Haltbarkeit: kühl und dunkel gestellt etwa 1 Jahr

ZUTATEN FÜR 7 GLÄSER JE ETWA 200 ML

600 ml Sauerkirschsaft (ungesüßt, von etwa 1,6 kg entsteinten Sauerkirschen)
400 g Sauerkirschen (vorbereitet gewogen)
1 Pck. Zitronensäure (5 g)
1 Beutel Gelfix Classic 1:1 (20 g)
1150 g Zucker

INSGESAMT:

E: 5 g, F: 5 g, Kh: 1264 g, kcal: 5208

1. Die Kirschen zum Entsaften abspülen, abtropfen lassen, entstielen, halbieren, entsteinen und mithilfe eines Schnellkochtopfes oder Dampfentsafters entsaften (bitte Gebrauchsanleitung des Geräteherstellers beachten), 600 ml abmessen.

2. Die restlichen Kirschen abspülen, abtropfen lassen, entstielen, halbieren, entsteinen und 400 g abwiegen.

3. Sauerkirschsaft, Kirschhälften und Zitronensäure in einen großen Kochtopf geben. Gelfix Classic zuerst mit 2 Esslöffeln der abgewogenen Zuckermenge mischen, dann mit der Kirschmasse gut verrühren.

4. Die Zutaten unter Rühren bei starker Hitze zum Kochen bringen. Sobald alles bei ständigem Rühren sprudelnd kocht, restlichen Zucker hinzufügen.

5. Alles unter Rühren wieder zum Kochen bringen und unter ständigem Rühren mindestens 3 Minuten sprudelnd kochen lassen. Den Topf von der Kochstelle nehmen.

6. Das Kochgut evtl. abschäumen und sofort randvoll in vorbereitete Gläser füllen.

7. Die Gläser mit Twist-off-Deckeln® verschließen, umdrehen und etwa 5 Minuten auf den Deckeln stehen lassen.

REZEPTVARIANTE 1:

Für **Sauerkirsch-Vanille-Konfitüre** 1 Päckchen Bourbon-Vanille-Aroma mit Saft, Kirschen und Zitronensäure in den Kochtopf geben.

REZEPTVARIANTE 2:

Für **Sauerkirsch-Amaretto-Konfitüre** 50 ml Amaretto nach dem Kochen unter die Konfitüre rühren.

SENFFRÜCHTE

Zubereitungszeit: 50 Minuten
Durchziehzeit: 2–3 Tage
Haltbarkeit: gekühlt 6–8 Wochen

ZUTATEN FÜR 2 GLÄSER JE ETWA 500 ML

500 g Birnen
500 g grüne kernlose Weintrauben
500 g Aprikosen
500 g Pflaumen

FÜR DIE ESSIG-ZUCKER-LÖSUNG:

200 ml Weißweinessig
200 ml Wasser
750 g Zucker
1 Dose Senfmehl (56 g)

INSGESAMT:

E: 26 g, F: 7 g, Kh: 978 g, kcal: 4168

1. Birnen schälen, vierteln und entkernen. Birnenviertel quer halbieren. Weintrauben waschen, abtropfen lassen, entstielen und halbieren. Aprikosen und Pflaumen waschen, abtropfen lassen, halbieren und entsteinen.

2. Für die Essig-Zucker-Lösung Essig, Wasser und Zucker in einem Topf zum Kochen bringen. Das vorbereitete Obst darin nacheinander bei schwacher Hitze glasig kochen. Das Obst jeweils mit einer Schaumkelle herausnehmen und in eine Schüssel geben. Das gegarte Obst vorsichtig vermengen und in vorbereitete Gläser füllen.

3. Den Sud mit Senfmehl verrühren, zum Kochen bringen und etwa 10 Minuten etwas einkochen lassen. Den heißen Sud auf dem Obst verteilen. Gläser sofort mit Twist-off-Deckeln® verschließen, umdrehen und etwa 5 Minuten auf den Deckeln stehen lassen. Senffrüchte 2–3 Tage vor dem Verzehr durchziehen lassen. Angebrochene Gläser schnell verbrauchen

SÜSSKIRSCHKONFITÜRE

Zubereitungszeit: 40 Minuten
Haltbarkeit: kühl und dunkel gestellt etwa 1 Jahr

ZUTATEN FÜR 7 GLÄSER JE ETWA 200 ML

1 kg Süßkirschen (vorbereitet gewogen)
1 Beutel Gelfix Classic 1:1 (20 g)
1150 g Zucker
3 EL Zitronensaft

INSGESAMT:

E: 9 g, F: 3 g, Kh: 1287 g, kcal: 5253

1. Die Kirschen abspülen, gut abtropfen lassen, entstielen, halbieren, entsteinen und 1 kg abwiegen. Die Kirschen evtl. zerkleinern und in einen großen Kochtopf geben.

2. Gelfix Classic zuerst mit 2 Esslöffeln der abgewogenen Zuckermenge mischen, dann mit der Kirschmasse gut verrühren.

3. Die Zutaten unter Rühren bei starker Hitze zum Kochen bringen. Sobald alles bei ständigem Rühren sprudelnd kocht, restlichen Zucker hinzufügen.

4. Alles unter Rühren wieder zum Kochen bringen und unter ständigem Rühren mindestens 3 Minuten sprudelnd kochen lassen. Den Topf von der Kochstelle nehmen. Zitronensaft unterrühren.

5. Das Kochgut evtl. abschäumen und sofort randvoll in vorbereitete Gläser füllen. Gläser mit Twist-off-Deckeln® verschließen, umdrehen und etwa 5 Minuten auf den Deckeln stehen lassen.

TIPP:

Für Erwachsene zusätzlich 3–4 Esslöffel Rum oder Kirschwasser unter die fertig gekochte Konfitüre rühren.

TOMATEN, EINGELEGT

Zubereitungszeit: 30 Minuten
Durchziehzeit: mindestens 3 Tage
Haltbarkeit: kühl und dunkel gestellt 2–3 Monate

ZUTATEN FÜR 2 GLÄSER JE ETWA 750 ML

1 kg reife Cocktailtomaten
4 Schalotten oder kleine weiße Zwiebeln
2 Knoblauchzehen

FÜR DIE ESSIGLÖSUNG:

1 Dolde Dill
500 ml Weißweinessig
125 ml Wasser
10 g Salz
10 g Zucker
2 Wacholderbeeren
1 Gewürznelke
10 g weiße und schwarze Pfefferkörner
10 g Senfkörner
1 Pck. Einmach-Hilfe

INSGESAMT:

E: 17 g, F: 6 g, Kh: 52 g, kcal: 425

1. Die Tomaten waschen, abtrocknen und vorsichtig die Stängelansätze herausschneiden. Jede Tomate 2–3-mal mit einem Holzspießchen einstechen.

2. Schalotten oder Zwiebeln und Knoblauch abziehen und mit den Tomaten in vorbereitete Gläser füllen.

3. Für die Essiglösung den Dill abspülen und trocken tupfen. Essig, Wasser, Salz, Zucker, Wacholderbeeren, Gewürznelke, Pfefferkörner, Senfkörner und Dill in einem Topf zum Kochen bringen, kurz aufkochen lassen. Den Topf von der Kochstelle nehmen. Einmach-Hilfe unterrühren.

4. Die Tomaten mit der Essiglösung übergießen, sodass sie gut bedeckt sind. Die Gläser sofort mit Twist-off-Deckeln® verschließen, umdrehen und etwa 5 Minuten auf den Deckeln stehen lassen. Die Tomaten mindestens 3 Tage durchziehen lassen.

TOMATEN IN ESSIG

Zubereitungszeit: 30 Minuten
Haltbarkeit: kühl und dunkel gestellt etwa 3 Wochen

ZUTATEN FÜR 4–5 GLÄSER JE ETWA 500 ML

2 kg kleine reife feste Tomaten

FÜR DIE ESSIGLÖSUNG:

4 Schalotten oder kleine Zwiebeln
1 l Weißweinessig
250 ml Wasser
20 g Salz
20 g Zucker
2 Gewürznelken
20 g Pfefferkörner
20 g Senfkörner
1 Pck. Einmach-Hilfe

INSGESAMT:

E: 32 g, F: 8 g, Kh: 120 g, kcal: 968

1. Tomaten gründlich waschen und abtrocknen. Die Tomaten anschließend jeweils 15–20-mal mit einem Holzstäbchen einstechen und danach in vorbereitete Gläser füllen.

2. Für die Essiglösung Schalotten oder Zwiebeln abziehen, zuerst in Scheiben schneiden, dann in Ringe teilen.

3. Essig, Wasser, Salz, Zucker, Gewürznelken, Pfefferkörner, Senfkörner und Schalotten- oder Zwiebelringe in einem Topf zum Kochen bringen. Den Topf von der Kochstelle nehmen. Einmach-Hilfe unterrühren.

4. Die Essiglösung über die Tomaten gießen. Die Gläser mit Twist-off-Deckeln® verschließen.

TOMATENGELEE MIT BASILIKUM

Zubereitungszeit: 30 Minuten
Haltbarkeit: kühl und dunkel gestellt 3–4 Monate

ZUTATEN FÜR 7 GLÄSER JE ETWA 200 ML

1 Topf Basilikum
900 ml Tomatensaft
500 g Extra Gelierzucker 2:1
2 geh. TL Salz
gem. Pfeffer
einige Spritzer Tabascosauce
etwa 6 EL Balsamico-Essig

INSGESAMT:

E: 7 g, F: 1 g, Kh: 533 g, kcal: 2192

1. Basilikum abspülen, gut abtropfen lassen und die Blättchen von den Stängeln zupfen. Die Blättchen in feine Streifen schneiden. Tomatensaft in einen großen Kochtopf geben. Extra Gelierzucker hinzugeben und gut verrühren.

2. Die Zutaten unter Rühren bei starker Hitze zum Kochen bringen und unter ständigem Rühren mindestens 3 Minuten sprudelnd kochen lassen, mit Salz, Pfeffer, Tabasco und Essig abschmecken. Basilikum unterrühren. Den Kochtopf von der Kochstelle nehmen.

3. Das Kochgut evtl. abschäumen, sofort randvoll in vorbereitete Gläser füllen. Die Gläser mit Twist-off-Deckeln® verschließen, umdrehen und etwa 5 Minuten auf den Deckeln stehen lassen. Die Gläser während des Erkaltens öfter drehen, damit sich das Basilikum besser verteilt.

TOMATEN-PAPRIKA-KETCHUP (REZEPT OHNE FOTO)

- Zubereitungszeit: 35 Minuten
  Garzeit: etwa 45 Minuten
  Durchziehzeit: etwa 7 Tage
  Haltbarkeit: gekühlt und dunkel gestellt etwa 6 Monate
- ▲ Mit Alkohol

FÜR 4 FLASCHEN JE ETWA 200 ML

1 kg Fleischtomaten
8 mittelgroße Zwiebeln
100 g Knollensellerie
je 250 g rote und grüne Paprikaschoten
100 g brauner Zucker
1 gestr. EL Salz
1 TL Paprikapulver edelsüß
1 TL Cayennepfeffer
1 TL gem. schwarzer Pfeffer
125 ml Weißweinessig
1 Pck. Einmach-Hilfe

INSGESAMT:

E: 20 g, F: 5 g, Kh: 163 g, kcal: 833

1. Tomaten abspülen, trocken tupfen und die Stängelansätze herausschneiden. Zwiebeln abziehen, Sellerie putzen, schälen, abspülen und abtropfen lassen. Paprikaschoten halbieren, entstielen, entkernen und die weißen Scheidewände entfernen. Schoten abspülen und abtropfen lassen.

2. Das vorbereitete Gemüse in Stücke schneiden, mit Zucker, Salz, Paprika, Cayennepfeffer, Pfeffer und Essig in einem Topf zum Kochen bringen und zugedeckt etwa 45 Minuten dünsten. Die Gemüsemasse anschließend durch ein Sieb streichen.

3. Die Gemüsemasse nochmals so lange kochen lassen, bis eine dickliche Masse entstanden ist. Ketchup mit den Gewürzen abschmecken. Einmach-Hilfe unterrühren.

4. Das Ketchup sofort randvoll in vorbereitete Gläser füllen. Gläser mit Twist-off-Deckeln® verschließen, umdrehen und etwa 5 Minuten auf den Deckeln stehen lassen.

VIERFRUCHTKONFITÜRE

Zubereitungszeit: 45 Minuten
Haltbarkeit: kühl und dunkel gestellt etwa 1 Jahr

ZUTATEN FÜR 5 GLÄSER JE ETWA 200 ML

250 g Erdbeeren (vorbereitet gewogen)
250 g Johannisbeeren (vorbereitet gewogen)
250 g Himbeeren (vorbereitet gewogen)
250 g Stachelbeeren (vorbereitet gewogen)
500 g Extra Gelierzucker 2:1

INSGESAMT:

E: 10 g, F: 3 g, Kh: 555 g, kcal: 2348

1. Erdbeeren putzen, waschen, abtropfen lassen, entstielen und in kleine Stücke schneiden. Die Johannisbeeren waschen und abtropfen lassen. Die Beeren von den Rispen streifen. Himbeeren verlesen, eventuell abspülen und trocken tupfen. Von den Stachelbeeren die Stiele und Blütenansätze entfernen. Die Stachelbeeren waschen, abtropfen lassen und halbieren. Von den vorbereiteten Früchten jeweils 250 g abwiegen.

2. Die Früchte mit Extra Gelierzucker in einem großen Kochtopf gut verrühren. Alles unter Rühren bei starker Hitze zum Kochen bringen und unter ständigem Rühren mindestens 3 Minuten sprudelnd kochen lassen. Topf von der Kochstelle nehmen.

3. Kochgut eventuell abschäumen und sofort randvoll in vorbereitete Gläser füllen.

4. Die Gläser mit Twist-off-Deckeln® verschließen, umdrehen und etwa 5 Minuten auf den Deckeln stehen lassen.

TIPP:

Sie können die Konfitüre statt mit Extra Gelierzucker auch mit Gelfix Extra 2:1 und 500 g Zucker oder Gelfix Super 3:1 und 350 g Zucker zubereiten. Bitte beachten Sie jeweils die Packungsanleitung.

VIERFRUCHTKONFITÜRE, WÜRZIG

Zubereitungszeit: 45 Minuten
Haltbarkeit: kühl und dunkel gestellt 3–4 Monate

ZUTATEN FÜR 5 GLÄSER JE ETWA 200 ML

250 g frische Cranberrys (vorbereitet gewogen)
250 g Äpfel (vorbereitet gewogen)
250 g reife Birnen (vorbereitet gewogen)
250 g Pflaumen (vorbereitet gewogen)
je 1 Msp. gem. Zimt, Nelken und Piment
abger. Schale von 1 Bio-Zitrone (unbehandelt, ungewachst)
2 EL Zitronensaft
1 Beutel Gelfix Extra 2:1 (25 g)
500 g Zucker

INSGESAMT:

E: 5 g, F: 2 g, Kh: 643 g, kcal: 2616

1. Cranberrys abspülen, gut abtropfen lassen, halbieren und 250 g abwiegen. Äpfel schälen, vierteln, entkernen, in kleine Stücke schneiden und 250 g abwiegen. Birnen schälen, vierteln, entkernen, in kleine Stücke schneiden und 250 g abwiegen. Pflaumen gut abspülen, gut abtropfen lassen, halbieren, entsteinen, in kleine Stücke schneiden und 250 g abwiegen.

2. Vorbereitete Früchte mit den Gewürzen, Zitronenschale und -saft in einen großen Kochtopf geben. Gelfix Extra mit Zucker mischen und mit der Fruchtmasse gut verrühren.

3. Die Zutaten unter Rühren bei starker Hitze zum Kochen bringen und unter ständigem Rühren mindestens 3 Minuten sprudelnd kochen lassen. Den Topf von der Kochstelle nehmen.

4. Das Kochgut evtl. abschäumen und sofort randvoll in vorbereitete Gläser füllen. Gläser mit Twist-off-Deckeln® verschließen, umdrehen und etwa 5 Minuten auf den Deckeln stehen lassen.

WEINBERGKONFITÜRE MIT TRAUBEN

- Zubereitungszeit: 50 Minuten
  Haltbarkeit: kühl und dunkel gestellt etwa 1 Jahr
- ▲ Mit Alkohol

ZUTATEN FÜR 5 GLÄSER JE ETWA 200 ML

700 g Weinbergpfirsiche (vorbereitet gewogen)
100 ml trockener Weißwein, z. B. Riesling
1 Pck. Geriebene Zitronenschale
200 g blaue Weintrauben (vorbereitet gewogen)
350 g Zucker
1 Beutel Gelfix Super 3:1 (25 g)

INSGESAMT:

E: 7 g, F: 1 g, Kh: 465 g, kcal: 1997

1. Die Pfirsiche abspülen, abtropfen lassen und an der Unterseite kreuzweise einschneiden. Pfirsiche kurz in kochendes Wasser legen, herausnehmen und mit kaltem Wasser abschrecken. Die Haut abziehen. Pfirsiche halbieren und entsteinen. 700 g Fruchtfleisch abwiegen und in etwa 1 cm große Würfel schneiden.

2. Pfirsichwürfel mit Wein und Zitronenschale in einem großen Kochtopf verrühren. Weintrauben gut abspülen, trocken tupfen, halbieren und entkernen (sehr große Weintrauben vierteln). Die Weintraubenhälften zu den Pfirsichwürfeln in den Kochtopf geben. Abgewogene Zuckermenge mit Gelfix Super mischen und gut unter die Fruchtmasse rühren.

3. Die Zutaten unter Rühren bei starker Hitze zum Kochen bringen und unter ständigem Rühren mindestens 3 Minuten sprudelnd kochen lassen. Den Topf von der Kochstelle nehmen.

4. Das Kochgut evtl. abschäumen und sofort randvoll in vorbereitete Gläser füllen. Die Gläser mit Twist-off-Deckeln® verschließen, umdrehen und etwa 5 Minuten auf den Deckeln stehen lassen. Gläser während des Erkaltens gelegentlich umdrehen, damit sich die Weintrauben besser verteilen.

TIPP:

Die Konfitüre schmeckt gut zu Milchreis und eignet sich als Füllung für Biskuittorten oder -rollen.

WEINBERGKONFITÜRE MIT ZITRONENMELISSE

● Zubereitungszeit: 40 Minuten
Haltbarkeit: kühl und dunkel gestellt etwa 1 Jahr
▲ Mit Alkohol

ZUTATEN FÜR 7 GLÄSER JE ETWA 200 ML

1 ¼ kg Weinbergpfirsiche (vorbereitet gewogen)
250 ml Weißwein, z. B. Riesling
500 g Super Gelierzucker 3:1
1 Pck. Zitronensäure (5 g)
1 EL Zitronenmelisseblättchen, in Streifen geschnitten

INSGESAMT:

E: 10 g, F: 1 g, Kh: 598 g, kcal: 2664

1. Die Pfirsiche abspülen und abtropfen lassen. Zwei Drittel der Pfirsiche an der Unterseite kreuzweise einschneiden. Die Pfirsiche kurz in kochendes Wasser legen, herausnehmen und mit kaltem Wasser abschrecken. Die Haut abziehen. Alle Pfirsiche halbieren und entsteinen. 1 ¼ kg Fruchtfleisch abwiegen und klein schneiden.

2. Die Pfirsichstücke und Weißwein in einen großen Kochtopf geben, mit Super Gelierzucker und Zitronensäure gut verrühren.

3. Zutaten unter Rühren bei starker Hitze zum Kochen bringen und unter ständigem Rühren etwa 2 Minuten sprudelnd kochen lassen. Die Zitronenmelissestreifen hinzufügen und noch 1 Minute unter Rühren sprudelnd kochen lassen. Den Topf von der Kochstelle nehmen.

4. Das Kochgut evtl. abschäumen und sofort randvoll in vorbereitete Gläser füllen. Die Gläser mit Twist-off-Deckeln® verschließen, umdrehen und etwa 5 Minuten auf den Deckeln stehen lassen. Gläser während des Erkaltens gelegentlich umdrehen, damit sich die Zitronenmelissestreifen besser verteilen.

TIPP:

Statt Zitronenmelisse Pfefferminze nehmen.

WEINTRAUBENGELEE MIT DUFTROSEN

- Zubereitungszeit: 60 Minuten, ohne Abkühl- und Abtropfzeit
  Garzeit: etwa 10 Minuten
  Haltbarkeit: kühl und dunkel gestellt 3–4 Monate
- ▲ Mit Alkohol

ZUTATEN FÜR 6 GLÄSER JE ETWA 200 ML

1 ½ kg Weintrauben, z. B. Muskattraube
250 ml Weißwein, z. B. Riesling
2–3 Duftrosen, z. B. Augusta Luise oder Sutters Gold (ungespritzt, beim Blumenhändler bestellen oder aus dem eigenen Garten)
100 g Weintrauben (vorbereitet gewogen)
50 ml Weißwein, z. B. Riesling
500 g Super Gelierzucker 3:1
1 Pck. Zitronensäure (5 g)

INSGESAMT:

E: 7 g, F: 2 g, Kh: 642 g, kcal: 2911

1. Weintrauben abspülen, abtropfen lassen und entstielen. Weintrauben mit Weißwein in einen Kochtopf geben, zum Kochen bringen, etwa 10 Minuten kochen und erkalten lassen.

2. Ein großes Küchensieb mit einem feuchten Geschirrtuch (Mulltuch) auslegen. Weintrauben und Saft hineingeben, abtropfen lassen, den Saft auffangen.

3. Anschließend die Weintrauben mithilfe des Tuches ausdrücken und den Saft auffangen. 1100 ml Saft abmessen und abkühlen lassen.

4. Die Duftrosen in Blütenblätter zerteilen, abspülen und auf Küchenpapier gut abtropfen lassen. Die Weintrauben abspülen, gut abtropfen lassen, halbieren, entkernen und 100 g abwiegen.

5. Weintraubensaft und Weißwein in einen großen Kochtopf geben, mit Super Gelierzucker und Zitronensäure gut verrühren. Alles unter Rühren bei starker Hitze zum Kochen bringen und unter ständigem Rühren mindestens 2 Minuten sprudelnd kochen lassen. Weintraubenhälften hinzufügen und nochmals 1 Minute unter ständigem Rühren sprudelnd kochen lassen. Den Topf von der Kochstelle nehmen. Das Kochgut evtl. abschäumen.

6. Jeweils 4–5 Rosenblätter in die vorbereiteten Gläser geben. Das Kochgut sofort randvoll in die Gläser füllen und dabei darauf achten, dass in jedem Glas 4–5 Weintraubenhälften sind. Gläser mit Twist-off-Deckeln® verschließen, umdrehen und etwa 5 Minuten auf den Deckeln stehen lassen.

7. Gläser während des Erkaltens gelegentlich umdrehen, damit sich die Weintraubenhälften und die Rosenblätter besser verteilen.

WEINTRAUBEN-KIWI-KONFITÜRE

Zubereitungszeit: 40 Minuten
Haltbarkeit: kühl und dunkel gestellt 3–4 Monate

ZUTATEN FÜR 5 GLÄSER JE ETWA 200 ML

500 g kernlose grüne Weintrauben (vorbereitet gewogen)
500 g Kiwi Fruchtfleisch (von 7–8 Kiwis, vorbereitet gewogen)
1 Beutel Gelfix Extra 2:1 (25 g)
500 g Zucker
1 Pck. Zitronensäure (5 g)

INSGESAMT:

E: 8 g, F: 5 g, Kh: 637 g, kcal: 2708

1. Weintrauben abspülen, gut abtropfen lassen, entstielen, halbieren, in dünne Scheiben schneiden und 500 g abwiegen. Die Kiwis dünn schälen, zunächst der Länge nach in sechs Spalten schneiden, dann in dünne Scheiben schneiden. Von den Kiwischeiben 500 g abwiegen.

2. Die vorbereiteten Früchte in einen großen Kochtopf geben. Gelfix Extra mit Zucker und Zitronensäure mischen, zu den Früchten in den Topf geben und gut verrühren.

3. Die Zutaten unter Rühren bei starker Hitze zum Kochen bringen und unter ständigem Rühren mindestens 3 Minuten sprudelnd kochen lassen. Den Topf von der Kochstelle nehmen.

4. Das Kochgut evtl. abschäumen und sofort randvoll in vorbereitete Gläser füllen.

5. Die Gläser mit Twist-off-Deckeln® verschließen, umdrehen und etwa 5 Minuten auf den Deckeln stehen lassen.

ZITRONENGELEE MIT SCHALE

Zubereitungszeit: 35 Minuten
Haltbarkeit: kühl und dunkel gestellt etwa 1 Jahr

ZUTATEN FÜR 6 GLÄSER JE ETWA 200 ML

30 g Zitronenschale (von 2–3 Bio-Zitronen [unbehandelt, ungewachst], vorbereitet gewogen)
850 ml Zitronensaft (von etwa 18 Zitronen)
1 Beutel Gelfix Classic 1:1 (20 g)
1 kg Zucker

INSGESAMT:

E: 4 g, F: 1 g, Kh: 1030 g, kcal: 4296

1. Bio-Zitronen heiß abwaschen, abtrocknen und die Schale mit einem Zestenreißer abziehen. Oder die Zitronen dünn schälen und die Schale in sehr feine Streifen schneiden. Von den Zitronenschalenstreifen 30 g abwiegen. Die Zitronen halbieren, den Saft auspressen und 850 ml abmessen.

2. Zitronensaft und -schale in einen großen Kochtopf geben. Gelfix Classic zuerst mit 2 Esslöffeln der abgewogenen Zuckermenge mischen, dann mit dem Zitronensaft verrühren.

3. Die Zutaten unter Rühren bei starker Hitze zum Kochen bringen. Sobald alles bei ständigem Rühren sprudelnd kocht, restlichen Zucker hinzufügen. Alles unter Rühren wieder zum Kochen bringen und unter ständigem Rühren mindestens 3 Minuten sprudelnd kochen lassen. Den Topf von der Kochstelle nehmen.

4. Das Kochgut evtl. abschäumen und sofort randvoll in vorbereitete Gläser füllen.

5. Die Gläser mit Twist-off-Deckeln® verschließen, umdrehen und etwa 5 Minuten auf den Deckeln stehen lassen.

6. Die Gläser während des Erkaltens gelegentlich umdrehen, damit sich die Zitronenschale besser verteilt.

ZITRUS-KOKOS-MARMELADE

Zubereitungszeit: 30 Minuten
Haltbarkeit: kühl und dunkel gestellt etwa 1 Jahr

ZUTATEN FÜR 3 GLÄSER JE ETWA 400 ML

3 Sweeties (süße Grapefruit)
1 große Orange
150 ml Mandarinensaft (von etwa 3 Mandarinen)
100 ml Limettensaft (von etwa 4 Limetten)
400 ml ungesüßte Kokosmilch
500 g Extra Gelierzucker 2:1
1 Pck. Zitronensäure (5 g)

INSGESAMT:

E: 12 g, F: 71 g, Kh: 549 g, kcal: 2958

1. Sweeties und Orange so schälen, dass die weiße Haut vollständig entfernt wird. Sweeties und Orange filetieren, in Stücke schneiden und dabei den Saft auffangen. Insgesamt 350 g Sweetie- und Orangenfilets mit dem Saft abwiegen.

2. Abgewogene Sweetie- und Orangenfilets mit Mandarinen-, Limettensaft und Kokosmilch in einem großen Topf verrühren. Gelierzucker und Zitronensäure hinzugeben und gut unterrühren.

3. Zutaten unter Rühren bei starker Hitze zum Kochen bringen, unter ständigem Rühren mindestens 3 Minuten sprudelnd kochen lassen. Topf von der Kochstelle nehmen.

4. Das Kochgut evtl. abschäumen und sofort randvoll in vorbereitete Gläser füllen. Die Gläser mit Twist-off-Deckeln® verschließen, umdrehen und anschließend etwa 5 Minuten auf den Deckeln stehen lassen.

ZUCCHINI-TOMATEN-KONFITÜRE

Zubereitungszeit: 25 Minuten
Haltbarkeit: kühl und dunkel gestellt 2–3 Monate

ZUTATEN FÜR 6 GLÄSER JE ETWA 150 ML

1 gelbe Zucchini (etwa 225 g)
½ grüne Zucchini (etwa 120 g)
1 Fleischtomate (etwa 300 g)
1 große Zwiebel (etwa 120 g)
100 ml Möhrensaft
30 ml Zitronensaft (von 1 Zitrone)
250 g Super Gelierzucker 3:1

INSGESAMT:

E: 10 g, F: 2 g, Kh: 269 g, kcal: 1172

1. Zucchini abspülen, abtrocknen und die Enden abschneiden. Zucchini in sehr kleine Würfel schneiden. 200 g gelbe und 100 g grüne Zucchiniwürfel abwiegen. Die Tomate kreuzweise einschneiden und mit kochendem Wasser übergießen. Nach 1–2 Minuten herausnehmen und mit kaltem Wasser abschrecken. Tomate enthäuten, in kleine Würfel schneiden und 250 g abwiegen.

2. Die Zwiebel abziehen, halbieren und in sehr kleine Würfel schneiden. 100 g davon abwiegen.

3. Das Gemüse mit dem Möhren- und Zitronensaft in einen Kochtopf geben. Den Gelierzucker unterrühren. Danach die Zutaten unter Rühren bei starker Hitze zum Kochen bringen und unter ständigem Rühren mindestens 3 Minuten sprudelnd kochen lassen. Den Kochtopf von der Kochstelle nehmen.

4. Das Kochgut sofort randvoll in vorbereitete Gläser füllen. Gläser mit Twist-off-Deckeln® verschließen, umdrehen und etwa 5 Minuten auf den Deckeln stehen lassen.

TIPPS:

Die Konfitüre für die Zubereitung von Salatdressings oder als Brotaufstrich für dunkle, kernige Brotsorten verwenden.
Schmeckt auch toll zu geräuchertem oder gegrilltem Fisch.
Passt als pikante Beilage zu Roastbeef, Steaks oder würzigen Käsesorten (z. B. Blauschimmelkäse, Appenzeller oder Greyerzer).

RATGEBER KONFITÜREN, MARMELADEN UND GELEES

Haben Sie eine ganz bestimmte Lieblingsrezeptur für Konfitüre, Marmelade und Gelee? Dann können Sie diese nach traditioneller Art im Kochtopf auch schnell und einfach selbst zubereiten. Hierzu können Sie auf die zuckersparenden Extra und Super Gelierzucker zurückgreifen. Beide Produkte werden zu je 500 g angeboten. Auf den Packungen finden Sie die Angabe 2:1 bei Extra und 3:1 bei Super Gelierzucker. Diese spiegeln jeweils das bei der Zubereitung eingesetzte Verhältnis von Früchten zu Zucker wider.

Im Vergleich zu den meisten Fertigkonfitüren, die häufig einen recht hohen Zuckergehalt haben, können Sie so bei Selbstgemachtem immer wieder neu bestimmen, wie süß oder fruchtig das Ergebnis sein soll. Erdbeeren sind schon von Natur aus süß. Bei Johannisbeeren hingegen darf es ruhig etwas mehr Zucker sein, um einen ausgewogenen Geschmack zu erzielen. Lecker fruchtige, weniger süße Konfitüren und Gelees erhalten Sie mit dem Extra Gelierzucker. Ein 500-g-Päckchen reicht genau für 1 kg vorbereitete Früchte oder 900 ml Saft. Und wer es besonders fruchtig mag, kann mit einem 500-g-Päckchen Super Gelierzucker 1 ½ kg Früchte oder 1 ¼ l Saft zu Konfitüre und Gelee verarbeiten.

Die Gelierfähigkeit von Konfitüren, Marmeladen und Gelees ist abhängig vom Pektingehalt der Früchte. Bitte halten Sie sich deshalb immer genau an das Rezept.

Beim Zubereiten von Konfitüren, Marmeladen und Gelees werden Obst(saft) und Gelierzucker vermischt und auf etwa 100 °C erhitzt. Danach wird die heiße Fruchtmasse sofort in ausgespülte, heiße Gläser gefüllt und verschlossen. Beim Abkühlen entsteht im Glas ein Unterdruck, so dass in den Konfitüregläsern ein Vakuum entsteht. Konfitüren, Marmeladen und Gelees (ohne Kräuter und Gewürzzugabe) sind auf diese Weise etwa 1 Jahr haltbar. Sie müssen nicht extra eingekocht werden.

SO WIRD ES GEMACHT:

Wenn Sie die Möglichkeit haben, z. B. Erdbeeren oder Himbeeren auf Feldern selbst zu ernten, sollten Sie dies nutzen: Denn das süße Aroma sonnengereifter Beeren ist ein Genuss. Ernten Sie nur so viel (möglichst in den frühen Morgenstunden), wie Sie am gleichen Tag verarbeiten können.
Kaufen und verarbeiten Sie ausschließlich Lebensmittel von höchster Qualität. Früchte mit Schimmelstellen müssen aussortiert werden. Druckstellen großzügig ausschneiden.
Bei allen Obstsorten gilt: Die Früchte zunächst sorgfältig waschen oder verlesen. Früchte ggf.

putzen (entstielen, entsteinen, entkernen) und große Früchte in Stücke schneiden.

Tiefgefrorene Früchte eignen sich ebenfalls hervorragend zur Herstellung von Konfitüren, Marmeladen und Gelees. Diese gefroren abwiegen und erst danach auftauen lassen. Je nach Frucht das Obst grob pürieren und den entstehenden Saft bei der Zubereitung verwenden.
Vor dem Einfüllen die Twist-Off-Gläser® auf schadhafte Stellen überprüfen. Angeschlagene Gläser aussortieren, da sie nicht mehr luftdicht schließen. Die Deckel dürfen keine Roststellen aufweisen. Gläser und Deckel mit sehr heißem Wasser ausspülen und umgedreht auf einem sauberen Geschirrtuch abtropfen lassen.

Wenn Sie selbst hergestellten Saft ohne Zucker nutzen möchten, gibt es verschiedene Möglichkeiten zur Saftgewinnung:

- Die Früchte im Dampfentsafter nach zeitlichen Angaben des Geräteherstellers entsaften.

- Kleinere Fruchtmengen ohne Zucker mithilfe eines Schnellkochtopfes (im Siebeinsatz) nach Angaben des Geräteherstellers entsaften.
- Die Früchte mithilfe eines Siebes entsaften. Hierzu die Früchte klein schneiden, mit etwas Wasser in einem Kochtopf weich kochen. Ein feines Sieb mit einem feuchten Tuch, z. B. Geschirrtuch (Mulltuch), auslegen. Den Fruchtbrei auf das Tuch geben, den herabtropfenden Saft auffangen. Der Saft lässt sich auch gut in Portionen einfrieren.
- Zitrusfrüchte (z. B. Orangen, Zitronen, Grapefruit) können Sie einfach auspressen.

Die Tabelle zeigt Ihnen, wie viel Früchte (gewaschen, geputzt, entsteint, entstielt und grob zerkleinert) Sie etwa benötigen, um 1 l Fruchtsaft zu gewinnen.*

Äpfel:	1800 g
Birnen:	2700 g
Brombeeren:	1500 g
Erdbeeren:	1300 g
Himbeeren:	1800 g
Holunderbeeren:	1800 g
Johannisbeeren, rot:	1500 g
Johannisbeeren, schwarz:	1700 g
Pfirsiche:	1700 g
Quitten:	2300 g
Rhabarber:	1500 g
Sauerkirschen:	1600 g
Stachelbeeren:	1600 g
Weintrauben:	1700 g

** Diese Angaben unterliegen natürlichen Schwankungen, bedingt durch die jeweilige Art der Gewinnungsmethode und die Erntequalität.*

Achtung: Fruchtsaft, der mithilfe einer elektrischen Zentrifuge gewonnen wurde, ist für die Geleezubereitung nicht geeignet. Die Gelees sind nicht klar und können unangenehm grießig in der Konsistenz werden.
Die fertig gekochte Konfitüre, Marmelade oder das Gelee kochend heiß und randvoll in die ausgespülten Twist-off-Gläser® füllen. Sofort mit den Deckeln verschließen und etwa 5 Minuten umgedreht auf die Arbeitsfläche stellen. Dann

wieder umdrehen und abkühlen lassen. Durch das Umdrehen der Gläser verstärkt man den Effekt des Vakuums.

Wichtig beim Marmelade-Kochen: Den Topf groß genug wählen. Damit das Einkochgut sprudelnd kochen kann, sollte der Kochtopf nur bis etwa zur Hälfte gefüllt sein. Gelierzucker grundsätzlich mit dem kalten Obstbrei oder Saft verrühren, erst dann zum Kochen bringen. Generell alles sprudelnd kochen lassen – die angegebene Kochzeit (siehe Packungsanleitung) gilt erst ab dem sprudelnden Kochen.

Bei Rezepten mit einer geringen Alkohol-Zugabe (3–4 Esslöffel) den Alkohol immer erst nach Ende der Kochzeit unterrühren.

Wer mag, kann eine Gelierprobe durchführen: Nach der angegebenen Kochzeit etwas von der heißen Masse auf einen Teller tropfen lassen. Erstarren die Tropfen schnell und bildet sich kein Wasserrand, ist genug gekocht worden. Ansonsten die Einkochmasse etwas länger kochen lassen. Oder 1 Päckchen Zitronensäure unter die kochende Fruchtmasse rühren.

EINMACHPRODUKTE

Gelierzucker

Dr. Oetker Gelierzucker enthält das pflanzliche Geliermittel Pektin, das aus Äpfeln und Zitrusfrüchten gewonnen wird. Da Geliermittel und Zucker bereits gemischt sind, ist die Zubereitung besonders schnell und einfach – ideal für Einsteiger.

Extra Gelierzucker 2:1

Mit Dr. Oetker Extra Gelierzucker 2:1 können Sie extra fruchtige und weniger süße Konfitüren, Marmeladen und Gelees zubereiten. Für 1 Packung Extra Gelierzucker (500 g) benötigen Sie 1 kg Früchte bzw. 900 ml Fruchtsaft. Für die Zubereitung eines Gelees ist es auch möglich, jeden im Handel erhältlichen Saft oder Nektar zu verwenden (mit Ausnahme von Traubensaft).

Super Gelierzucker 3:1

Dem Trend zur Zuckerreduzierung entspricht neben dem Dr. Oetker Extra Gelierzucker 2:1 auch Dr. Oetker Super Gelierzucker 3:1. Mit Super Gelierzucker können Sie noch weniger süße, dafür super fruchtige Konfitüren, Marmeladen und Gelees zubereiten.
Für 1 Packung Super Gelierzucker (500 g) benötigen Sie 1 ½ kg Früchte bzw. 1 ¼ l Fruchtsaft. Für die Zubereitung eines Gelees ist es auch möglich, jeden im Handel erhältlichen Saft oder Nektar zu verwenden (mit Ausnahme von Traubensaft).

Gelfix

Dr. Oetker Gelfix enthält das pflanzliche Geliermittel Pektin, das aus Äpfeln und Zitrusfrüchten gewonnen wird.

Gelfix Classic 1:1

Mit Dr. Oetker Gelfix Classic 1:1 können Sie Ihre klassisch-süßen Lieblings-Konfitüren, -Marmeladen und -Gelees herstellen. Sie benötigen hier etwa das gleiche Verhältnis von Frucht und Zucker, d.h. ein Beutel Gelfix Classic ist ausreichend für 1 kg vorbereitete Früchte und 1150 g Zucker. Für Gelees benötigen Sie 850 ml Fruchtsaft und 1 kg Zucker.

Gelfix Extra 2:1
Mit Dr. Oetker Gelfix Extra 2: 1 lassen sich besonders fruchtige und weniger süße Konfitüren, Marmeladen und Gelees zubereiten. Hier ist bei Ihren Einmach-Schätzen der Frucht- bzw. Saftanteil etwa doppelt so hoch wie die benötigte Zuckermenge. Sie benötigen pro Beutel Gelfix Extra 1 kg vorbereitete Früchte und 500 g Zucker bzw. für Gelees 750 ml Fruchtsaft und 400 g Zucker. Für die Zubereitung eines Gelees ist es auch möglich, jeden im Handel erhältlichen Saft oder Nektar zu verwenden (mit Ausnahme von Traubensaft). Bei Gelfix Classic und Extra haben Sie nicht nur bei den Früchten die freie Wahl, sondern auch bei der Zuckersorte: Sie können ganz nach Belieben auch Rohr- oder braunen Zucker verwenden und Ihrer Konfitüre damit eine leichte Karamell-Note geben.

Gelfix Super 3:1
Mit Dr. Oetker Gelfix Super 3:1 wird Fruchtgenuss weniger süß, denn für 1 kg vorbereitete Früchte bzw. 900 ml Saft sind nur 350 g Süßungsmittel erforderlich. Für die Zubereitung eines Gelees ist es auch möglich, jeden im Handel erhältlichen Saft oder Nektar zu verwenden (mit Ausnahme von Traubensaft).
Bei den Süßungsmitteln können Sie zwischen Zucker, Fruchtzucker und Sorbit wählen. Außerdem ist eine Zubereitung ausschließlich mit flüssigem Süßstoff möglich: Pro Beutel Gelfix Super werden dann für 1 kg vorbereitete Früchte 25 ml Flüssigsüße benötigt.

Zitronensäure
Ein Beutel Zitronensäure vor dem Kochen unter die Fruchtmasse gerührt, unterstützt den Geliervorgang und rundet den natürlich-fruchtigen Geschmack der Konfitüren, Marmeladen und Gelees ab.

TIPPS & TRICKS

Für eine schöne Optik und einen guten Geschmack können Sie einem Gelee z. B. Fruchtstücke, Nüsse, Kräuter oder Zesten (Schalenstreifen) von Zitrusfrüchten zufügen. Drehen Sie die Gläser während des Erkaltens öfter, damit sich die Zutaten gleichmäßig im Gelee verteilen. Für die Zubereitung von Weingelee sollten Sie nur Gelfix Classic verwenden, da das Gelee bei der Zubereitung mit anderen Gelierprodukten nicht fest wird.
Fruchtsaft hat einen Fruchtanteil von 100 %. Fruchtsaft (auch Muttersaft oder Direktsaft) darf sich nur ein reiner, unverdünnter Saft aus frischen Früchten nennen. Fruchtnektar ist ein Gemisch aus Fruchtsaft bzw. Fruchtmark, Trinkwasser und Zucker. Der Mindestfruchtanteil liegt je nach Fruchtart zwischen 25 % und 50 %. Fruchtnektar darf bis zu 20 % Zucker zugesetzt werden. Für die Zubereitung von Gelees können Sie jeden im Handel erhältlichen Fruchtsaft oder Nektar verwenden. Sie können jedoch ein Gelee nicht ausschließlich aus Nektar herstellen. Verwenden Sie immer eine Kombination aus Fruchtsaft und Nektar. Hierbei sollte der verwendete Anteil Nektar ein Drittel der gesamten Saftmenge nicht übersteigen, da sonst das Gelee nicht fest werden könnte.

LAGERUNG VON KONFITÜREN, MARMELADEN UND GELEES

Bewahren Sie die eingemachten Früchte und Gemüse an einem kühlen und dunklen Ort auf. So sind sie u. a. vor Farbveränderungen geschützt und die Gelierung kann sich vollständig entfalten. Bewahren Sie angebrochene Gläser am besten im Kühlschrank auf, da beim Entnehmen aus dem Glas die feste Struktur von Konfitüre, Marmelade oder Gelee beschädigt wird, sodass Fruchtsaft austreten kann.
Bitte beachten Sie auch, dass sich die Haltbarkeit des Einmachguts durch fetthaltige Zutaten wie Nusskerne oder Kokosraspel, aber auch durch Gewürze und Kräuter verkürzt.

REGISTER

MARMELADEN UND FRUCHTAUFSTRICHE

KONFITÜREN

GELEES

ESSIGE, ÖLE, KETCHUP UND SAUCEN

CHUTNEYS UND RELISHES

EINGEKOCHTES

LIKÖRE

SPEZIALITÄTEN

Bei Fragen oder Anregungen wenden Sie sich bitte an folgende Telefonnummer +49(0)89-5482515-0 oder an kontakt@zsverlag.de

Kaiserstraße 14b
D-80801 München

ISBN: 978-3-7670-1740-5
3. Auflage 2020

Projektleitung: Carola Reich
Redaktion: Annette Riesenberg
Lektorat: no:vum, Susanne Noll, Hennef
Rezeptberatung: Eike Upmeier-Lorenz, Hamburg
Nährwertberechnungen: Nutri Service, Hennef, Angelika Ilies, Langen

Titelfotos:
Fotostudio Diercks, Hamburg

Foodfotografie:
Walter Cimbal, Hamburg, (S. 23, 39, 42, 45, 62, 73, 92, 131, 181, 187)
Fotostudio Diercks (Thomas Diercks, Kai Boxhammer, Christiane Krüger, Hamburg) (S. 4, 5, 6, 9, 12, 13, 14, 16, 19, 24, 25, 28, 31, 34, 36, 37, 40, 48, 50, 51, 53, 55, 57, 58, 60, 63, 65, 67, 68, 69, 71, 74, 76, 77, 79, 80, 82, 83, 84, 86, 91, 96, 99, 100, 103, 104, 111, 113, 114, 115, 117, 122, 124, 125, 126, 129, 133, 134, 137, 140, 141, 143, 144, 146, 147, 148, 150, 151, 152, 154, 155, 157, 158, 160, 163, 165, 168, 169, 171, 173, 174, 175, 177, 178, 179, 180, 183, 184, 185, 186, 188, 189, 190, 192, 193, 194, 196, 197, 198, 201, 202, 203, 204, 205, 206, 207, 208, 209, 210)
Eising Studio Food Photo & Video, München (S. 175)
Axel Struwe, Bielefeld (S. 8, 10, 11, 15, 17, 18, 20, 26, 27, 29, 32, 35, 43, 47, 52, 64, 87, 88, 90, 95, 98, 101, 107, 108, 118, 119, 120, 121, 123, 132, 138, 145, 162, 166, 167, 195, 200)
Brigitte Wegner, Bielefeld (S. 127)

Gestaltungskonzept:
seidldesign.com, Wolfgang Seidl, Stuttgart
Lithografie: Jan Russok
Herstellung: Frank Jansen
Satz und Layout: MDH Haselhorst, Bielefeld

Druck und Bindung:
optimal media GmbH, Röbel

Kurze Wege schonen die Umwelt
Dieses Buch wurde in Deutschland gedruckt

Die Bücher und E-Books unter der Marke Dr. Oetker Verlag erscheinen als Lizenz in der ZS Verlag GmbH.
www.facebook.de/Dr.OetkerVerlag
Die ZS Verlag GmbH ist ein Unternehmen der Edel SE & Co. KGaA, Hamburg.
www.zsverlag.de
www.facebook.de/zs-verlag

Printed by Amazon Italia Logistica S.r.l.
Torrazza Piemonte (TO), Italy

45526684R00157

3,33